江苏省中小学教学研究课题第13期立项课题（

文化传承视角下的初中语文教学课例

马艳林　戚明亮　主编

中国矿业大学出版社
·徐州·

图书在版编目(CIP)数据

文化传承视角下的初中语文教学课例/马艳林,戚明亮主编. —徐州:中国矿业大学出版社,2022.10

ISBN 978-7-5646-5518-1

Ⅰ.①文… Ⅱ.①戚… ②马… Ⅲ.①中学语文课—教学研究—初中 Ⅳ.①G633.302

中国版本图书馆 CIP 数据核字(2022)第148942号

书　　名	文化传承视角下的初中语文教学课例
主　　编	马艳林　戚明亮
责任编辑	徐　玮
出版发行	中国矿业大学出版社有限责任公司
	(江苏省徐州市解放南路　邮编221008)
营销热线	(0516)83884103　83885105
出版服务	(0516)83995789　83884920
网　　址	http://www.cumtp.com　E-mail:cumtpvip@cumtp.com
印　　刷	徐州中矿大印发科技有限公司
开　　本	787 mm×1092 mm　1/16　印张 15　字数 238 千字
版次印次	2022年10月第1版　2022年10月第1次印刷
定　　价	46.00元

(图书出现印装质量问题,本社负责调换)

序　言

　　近日，收到马艳林、戚明亮的《文化传承视角下的初中语文教学课例》书稿，嘱我作一文以为书序。两年前明亮曾欣怀地告诉我，她和马艳林同志所主持的省级课题"文化传承视角下的初中语文教学研究"已经起步，拟把文化传承视角下的初中语文教学课例研究作为研究方向，并期待选取部分课例结集成册。我当即非常赞许，认为这是一项百年功业，希望能及早杀青。驹隙一瞬，两年来我无只言片语，而课题组的数十篇课例已赫然在目。惶恐之至，何以为序？然明亮以殷殷之语相勉励，我只好怀揣滥竽之心作续貂之文了。

　　本著述的核心字眼是"文化传承"，可以说，这个字眼并不"新鲜"，它早已写进了《义务教育语文课程标准（2022年版）》，把它作为课题研究的怕是不计其数，相关文章著作更是不胜枚举。"文化传承"已然成为课题组诸同志多年来一直在语文教学中自觉开掘实践的方向。有人说，熟悉的地方也能点化成美丽的风景。我认为这是对整个团队极具执着精神和教育情怀的语文人的最好诠释。有人说，寻常的事情也能创造出不凡的奇崛。我以为这是对"文化传承视角下的初中语文教学课例"这类极具新颖性、创造性和推广性的教研成果的最好嘉许。

　　本著述厘清了"语文"和"文化"的关系。二者是一种什么关系？在语文教学中如何处理二者的关系？这是每个语文人都无法回避的，也是编写者努力探寻的。在数十篇课例中，编写者能严格地基于语文和文化的"交叉关系"去解读课文、设计教学、诊断课堂。辩证地看，语文是文化，语文不等于文化，文化也不等于语文，不是所有语文都是文化，也不是所有文化都是语文。走进课例,不难发现编写者有意无意地避免了两种设计倾向:一是没有"文化"的语文,就是在语文教学中只讲知识、重分析而缺少文化底蕴;二是没有"语文"的文化,就是利用课文讲解文化主题,将语文课变成了文化讲座。课例编写者"既用文化提升语文教学的品质,又以语文的方式体现文化"的设计理念,无论是对课题的探索,对学生"文化自信"核心素养的砥砺,还是对语文教学的建设,都有着深远的意义。本著述梳理了语文阅读教学中的"文化"。阅读教学是学生、教师、教科书编写者以及文本之间的对话过程。在这个过程中,每一环节、每一对象都可以和"文化"联系起来。在语文阅读教学过程中,学生可以获得文化知识信息,从文化角度认识世界;还可以学习文化知识和文化背景来发展文化思维,通过对文化意象的鉴赏与理解获得审美体验。此外,学生自身的文化知识背景、教师的文化引导对学生在阅读教学中的体验和表现也会产生影响。简单来说,语文阅读教学中的"文化"主要包括文化载体、文化内容和过程文化三个方面。我认为,本著述中的课例都能自觉地梳理阅读教学中的"文化",并在教学中加以渗透、浸润、濡染、表达和彰显。这是本著述的魂,也是本著述的根。

  本著述革新了课例研究的体例。它以体裁类别为经,以文化传承视角为纬,依次设置"小说教学课例""诗歌教学课例""散文教学课例""说明文教学课例""议论文教学课例""文言文教学课例"等六编,可谓内容丰富,涵盖面广。每编前有"阅读迷津",可谓提纲挈领,大道至简;每编包含3~10篇课例,可谓主次分明,轻重有别;每篇课例包括标题、课例背景、课例描述、课例评析等要素,可谓形式完备,条分缕析。其中,标题包括正标题、副标题,可谓主题突出,指向明确;课例背景包括教材解读、学情分析、目标设定、情境建构四部分,可谓名目精当,脉络清晰;课例描述可谓表述翔实,玩味精道;课例评析可谓切中肯綮,解读精要。

  课题研究是磨人的,但在与这一众语文人接触中,感受到他们对语文发自内心的热爱。据说有些教师刚步入语文教学之门,于课题研究、课例撰写只算是蹒跚学步,牙牙学语。于是,我小心翼翼地把书稿放在了心上,没有事的时候看一两篇,中午休息的时候看一两篇,夜间睡不着的时候看一两篇,礼拜天的时候看一两篇。我把它当上等品茗,一回品一点儿,足足品了十多天。在书稿里,我不仅品出了认真与坚守、知性与蕙心,还品出了博识与空灵、深邃与睿智……您要问我哪一篇好,我可不敢说,因为说了这一篇,觉得那一篇也好;说了那一篇,觉得另外一篇也好。当然,有些课例对于文化传承与语文教学的关系的处理还不够好。好在读者的眼光是敏锐的,在阅读这本书的过程中,一定会有许多新的感受、发现和建树。未来可期,我们相信文化传承视角下的初中语文教学定会得到更深入的发掘、更深刻的审视、更深远的沉淀。

团队之作得以付梓,实乃幸事,其志可嘉,其行可叹。欣慰之余,不揣浅陋,遑而泛论,谨疏小序,以表拳拳之情。

王林喜
2022 年 6 月

目　录

序言 ··· 1

第一编　小说课例研究

关爱生命,人文情怀——《猫》课例研究
　　　　　　　　　　　　　　　　徐州市第三十六中学　马艳林　3

笑看人生,经典永存——《刘姥姥进大观园》课例研究
　　　　　　　　　　　　　　　　徐州市大龙湖中学　戚明亮　11

淳朴民风,乡土情结——《社戏》课例研究
　　　　　　　　　　　　　　　　徐州市新元中学　张雪芹　20

第二编　诗歌课例研究

思乡文化,蕴于新诗——《乡愁》课例研究
　　　　　　　　　　　　　　　　徐州撷秀初级中学　王伶俐　31

三次思辨,文化交融——《沁园春·雪》课例研究
　　　　　　　　　　　　　　　　徐州市娇山湖中学　张世芹　36

巾帼英雄,忠孝两全——《木兰诗》课例研究
　　　　　　　　　　　　　　　　徐州市潇湘路学校　宋莉莉　42

第三编　散文课例研究

顶天立地,正气浩然——《白杨礼赞》课例研究
　　　　　　　　　　　　　　　　　　徐州市大龙湖中学　戚明亮　51

繁华如瀑,生命似河——《紫藤萝瀑布》,一幅关于生命力量的图景
　　　　　　　　　　　　　　　　　　徐州市第三十六中学　程　龙　58

壶口春秋,黄河精神——《壶口瀑布》课例研究
　　　　　　　　　　　　　　　　　　徐州市潇湘路学校　王　芳　64

礼俗文化,情感传承——《阿长与〈山海经〉》课例研究
　　　　　　　　　　　　　　　　　　徐州市潘塘中学　陈　涛　71

诗性语言,诗性礼赞——《安塞腰鼓》课例研究
　　　　　　　　　　　　　　　　　　徐州市潇湘路学校　程　梦　76

保家卫国,担当情怀——《灯笼》课例研究
　　　　　　　　　　　　　　　　　　徐州市大龙湖中学　戚明亮　84

铮铮誓言,家国情怀——《土地的誓言》课例研究
　　　　　　　　　　　　　　　　　　徐州市第三十六中学　马艳林　92

悠悠雨中,品读文化——《昆明的雨》课例研究
　　　　　　　　　　　　　　　　　　徐州市潇湘路学校　宋莉莉　100

沉重忧伤,豁然达观——《秋天的怀念》课例研究
　　　　　　　　　　　　　　　　　　徐州市潇湘路学校　程　梦　109

敬老慈幼,以彰有德——《散步》课例研究
　　　　　　　　　　　　　　　　　　徐州市大龙湖中学　王　辉　118

第四编　说明文课例研究

拱桥文化,灿烂辉煌——《中国石拱桥》课例研究
　　　　　　　　　　　　　　　　　　徐州市大龙湖中学　王　辉　129

建构活动,文化先行——《苏州园林》课例研究

　　　　　　　　　　　　　　徐州市娇山湖中学　张世芹　136

穿越历史,梦回繁华——《梦回繁华》课例研究

　　　　　　　　　　　　　　徐州市新元中学　张雪芹　145

第五编　议论文课例研究

儒佛统一,辩证智慧——《最苦与最乐》课例研究

　　　　　　　　　　　　　　徐州市潘塘中学　陈　涛　155

敬业乐业,国之传统——《敬业与乐业》课例研究

　　　　　　　　　　　　　　徐州市新元中学　张雪芹　162

革命传统,文化自信——《中国人失掉自信力了吗》课例研究

　　　　　　　　　　　　　　徐州撷秀初级中学　王伶俐　169

第六编　文言文课例研究

诗情家风,自信时代——文化传承视角下的《咏雪》课例研究

　　　　　　　　　　　　　　徐州市第三十六中学　程　龙　181

言必诚信,行必忠正——《陈太丘与友期行》课例研究

　　　　　　　　　　　　　　徐州市大龙湖中学　王　辉　186

君子之居,陋室不陋——《陋室铭》课例研究

　　　　　　　　　　　　　　徐州市潇湘路学校　王　芳　194

儒家文化,迭代传承——《〈论语〉十二章》课例研究

　　　　　　　　　　　　　　徐州市潘塘中学　陈　涛　201

寻民族根,驻坚毅魂——《愚公移山》课例研究

　　　　　　　　　　　　　　徐州市大龙湖中学　杜苏云　207

赤胆忠心，御寇卫国——《周亚夫军细柳》课例研究
　　　　　　　　　　徐州市潇湘路学校　张腾飞　212

忠君文化，千古一表——《出师表》课例研究
　　　　　　　　　　徐州撷秀初级中学　王伶俐　221

后记 ………………………………………………………… 229

第一编
小说课例研究

阅读指津

小说是大家喜闻乐见的文学样式，因其生动的情节、感人的细节和丰满的人物形象而深受学生喜爱。多数教师也觉得小说的教学比较好把握，只要抓住小说的三要素(人物、情节、环境)展开即可。但如果每一篇都要按照架构和要素分门别类地剖析一遍，经常会把很精彩的小说解析得支离破碎，会使学生对小说魅力的感受力逐渐消磨甚至丧失。

近年来新课程理念的普及，让小说教学有了一些变化，大家似乎在避免这样的梳理，避免给人物贴标签，因为"一千个读者心中有一千个哈姆雷特"的观念渐入人心，再加上学者、专家们一再呼吁要尊重学生的主体地位，关于小说教学的实践探索从未停止……

教学能走多远，在于给它的舞台能有多大，我们愿意构建这样的空间，给小说阅读教学以更深更广的表达，给教育同行以更新颖绝妙的展示。下面的几个课例和点评为我们开展小说教学提供了宝贵的经验。在小说教学中，几位老师将小说"文化价值"和"教学价值"之间的关系、"经典阐释"和"学生个性体验"之间的关系处理得很好，从小说文本中蕴含的文化特征来寻找最佳切入点进行有个性的课堂教学，引导学生品味语言，从而教出语文味，引领小说阅读向更深处漫溯……

我们尝试以文化为基，由点及面，层层推进设计小说教学，让小说作品中蕴含的文化基因代代传承。通过课例和点评，我们可以从中领略、观赏教评课的智慧，发掘小说中的文化精髓，感受文化魅力，发挥文化传承作用，用优秀文化丰富学生人生体验，塑造学生健全人格，促进学生素质全面发展。

徐州市潇湘路学校　王　芳

关爱生命,人文情怀
——《猫》课例研究

徐州市第三十六中学　马艳林

课例背景

教材解读

《猫》是部编语文教材七年级上册第五单元的第一篇课文,本单元围绕"人与动物"主题选编四篇文章。本单元要求继续学习默读,边读边思考,勾画重要语句或段落,并学做摘录;还要求在把握段落大意、理清思路的基础上,学会概括文章的中心思想。郑振铎的《猫》是一篇寓意深刻、感情真挚的小说。文章运用朴素的文字,以第一人称的口吻,记述了自己家三次养猫的经历。作者以人道主义情怀,关注身边的小生命,对三只猫得而复失的过程进行了细腻的刻画,描写了"我"与家人悲痛、遗憾的心情,尤其是对第三只猫的歉疚之情,体现了作者对生命的尊重和善于反省的精神。

学情分析

本课故事性强,情节跌宕起伏,三起三落,饶有趣味,这都为本课的学习创造了良好的条件。本课蕴含的情感丰富应该让学生多谈自己的看法。

☞ **目标设定**

（1）揣摩文中生动的细节描写，概括并比较三只猫不同的特点和命运。

（2）体会作者对第三只猫之死的悔恨之情，思考其中蕴含的人生哲理。

☞ **情境建构**

从身边的故事说起，讲述与动物之间发生的故事，比较与郑振铎作品中养猫经历的异同，形成板块式课堂结构。创设各种情境让孩子读三个故事，尤其是中间人物的对话，让学生反复、充分读文，从不同角度读文，用不同创意读文。

课例描述

一、新课导入

猫是一种可爱的小动物，很多人因喜爱而养它，请同学们分享一下你与宠物之间的故事。大师郑振铎也曾经亲自去体验养猫的快乐与悲伤，最终却说"永不养猫"，其间发生了什么事情？让我们一起走进郑振铎带给我们的文本《猫》。

设计意图：强烈的对比引起学生的学习兴趣，直接引入文本。

二、检查预习

（1）给下列加点的字注音，并试着选用其中的词语概括文章内容。

虐待（   ）　蜷伏（   ）　怂恿（   ）　畏罪潜逃（   ）

惩戒（   ）　辩诉（   ）　冤枉（   ）　妄下断语（   ）

怅然（   ）

（2）试着选用其中的词语（三个左右）概括文章内容。

设计意图:检查学生对词语的掌握程度,让学生学以致用,借助刚学过的词语概括文章内容,检查学生对课文整体的把握程度。

三、整体感知

(1) 作者笔下的三只猫,特点不同,命运各异,直接摘录或者自己概括完成下表。

	第一只猫	第二只猫	第三只猫
来历	从隔壁要来的		
外形	花白的毛,"如带着泥土的白雪球似的"		
性情			
在家中的地位			
结局	病死		

(2) 你认为"我"家三次养猫经历中共同点有哪些?

预设:来历随意,给家庭生活增添了许多内容,结局总是亡失,对三只猫的亡失"我"很难过。

设计意图:运用对比手法找异同,训练学生提炼信息的能力,这个问题的设计让学生理解对猫有着不同态度,这是跟人的喜爱程度密切相关的。而比较探究"我"对第三只猫亡失更难过的背后原因,是因为如果抓住这个问题深挖细嚼,就会触及作品蕴含的深刻寓意和主题。

四、合作探究

(1) 对于三只猫的亡失,"我"都很难过,请你在文中找出表达难过情感的语句。

① 我心里也感着一缕的酸辛,可怜这两月来相伴的小侣!

② 我也怅然地,愤恨地,在诅骂着那个不知名的夺去我们所爱的东西的人。

自此,我家好久不养猫。

③我心里十分地难过,真的,我的良心受伤了,我没有判断明白,便妄下断语,冤枉了一只不能说话辩诉的动物。想到它的无抵抗的逃避,益使我感到我的暴怒、我的虐待,都是针,刺我良心的针!

自此,我家永不养猫。

设计意图:通过朗读三个语句比较难过程度的加深,如果说"好久"表达了"我"因为守护不住生命内心十分痛心与惋惜,那么后者的"永不"则抒发了毅然决然的情绪,内心的痛悔之意完全被递进、被深化了。"益使我感到我的暴怒、我的虐待,都是针,刺我良心的针!"此比喻句生动地写出了我的难过之情。

(2)请你试一试,标注应重读的关键词,选择合适的语气、语调,读出"我"更难过的情感。

我心里十分难过,真的,我的良心受伤了,我没有判断明白,便妄下断语,冤枉了一只不能说话辩诉的动物。想到它的无抵抗的逃避,益使我感到我的暴怒、我的虐待,都是针,刺我良心的针! 自此,我家永不养猫。

设计意图:妄下断语、无抵抗、暴怒、虐待、针,刺我良心的针等,通过讲解比喻句的使用和对关键词的把握,训练学生的语感和语言表达能力。

(3)跳读文章第15~34段,注意提取关键信息,思考下面的问题。

①"两个月后,我们的猫忽然死在邻家的屋脊上,我对于它的亡失,比以前的两只猫的亡失,更难过得多。"你觉得原因是什么?它的冤死仅仅是我一个人的过失吗?

设计意图:作品中"我"的忏悔是出于良心的自责,在"我"看来,"我"和猫在这件事情上的区别在于我能说话,它却不能;"我"是强势,它是弱势;"我"是施暴者,它是受虐者。"我"把这件事情比作针刺,针刺伤口小却深,映衬了这虽然是小事,"我"却愧疚极深,引导学生逐渐走入成人世界。

②猜一猜下列三句话分别是谁说的?请你选择适切的语气、语调完成对话,并思考他们在这次事件中是否有责任。

A.鸟死了一只,一条腿被咬去了,笼板上都是血。是什么东西把它咬死的?

B. 一定是猫,一定是猫!

C. 不是这猫咬死的还有谁? 它常常对鸟笼望着,我早就叫张妈要小心了。张妈! 你为什么不小心?!

③ 品味"于是猫的罪状证实了"这句话中"于是"的意味。

设计意图:重点突破教学重、难点,从关键的语句入手,深入探讨作者的思想感情及作者要探讨的人性中的弱点,如自私自利、漠视生命等。

(4)结合背景链接,探究文章主旨。

① 结合文中人物语言描写,探究"我家养了好几次的猫,结局总是失踪或死亡"的原因是什么。

A. 刚才遇到隔壁周家的丫头,她说,早上看见我家的小猫在门外,被一个过路的人捉去了。

鸟死了一只,一条腿被咬去了,笼板上都是血。是什么东西把它咬死的?

B. 不是这猫咬死的还有谁? 它常常对鸟笼望着,我早就叫张妈要小心了。张妈! 你为什么不小心?!

一定是猫,一定是猫!

C. 猫,猫! 又来吃鸟了!

② 背景链接:郑振铎的著作主要探究的是自由平等、个性解放等社会问题。小说《猫》最初发表于1925年,他在作品中毫不讳饰地表达了自己同情弱小、无辜,谴责专制、强权,弘扬公道、民主、博爱的思想和心情。

答案预设:从这段文字可以看出,"我"是一个勇于自责、富有良知的知识分子。就是因为"我"是一个富有良知的人,所以当"我"冤枉一只猫致其无辜惨死时,"我"才会如此难过。也就是由于"我"有一份自省意识,所以"我"会由一只猫的死引出如此深切的悔恨。

设计意图:重点突破教学重点、难点,把握文章主旨,从关键的语句入手,不断回读原文,再次探讨"我家养了好几次的猫,结局总是失踪或死亡"的原因。深入探讨作者的思想感情,探讨人性中的弱点以及作者对社会问题的深深思索。

③ 拓展与提升——说人。

一个家庭,三次养猫,结局总是失踪或死亡,其中蕴含着深刻的生活哲理,谈谈本课的收获。对文中的"我"、黑猫、妻子、周家的丫头、张妈,你想说点什么？请用下列句式尽情发挥。

"(对于)_____",我想对你说,"_____"

（5）课堂小结。

一个家庭三次养猫的经历,却让我们读出了人性中值得大家思索的问题,或许这就是文学的魅力吧。课外阅读夏丏尊的《猫》、靳以的《猫》,与课文进行对比,体会这些文章中作者表达的思想感情。

设计意图：文章探讨了生活中人性的弱点,就要引导学生正确认识这一点,在以后的生活中尽量避免,因此回到原文,通过一个固定句式,让学生表达对这堂课的体会和认识。夏丏尊的《猫》与郑振铎的《猫》有很大的比较价值。通过比较,让学生体会人与动物的情感关系,引导学生深入阅读。

课例评价

一、文本内涵简约而不简单

初读《猫》一文,我们很容易就可以找到爱护弱小动物、关爱卑微生命这样的主题,学生也能够很容易在文中读出这样的主题。徐志耀老师在《启蒙生命的责任——郑振铎〈猫〉解读》中指出,我们在教学中有这样一个问题常常无法回避：为什么作者在文本写道"自此,我们家永不养猫",如果仅仅是关爱弱小的生命,他完全可以如当今社会很多动物保护主义者一样,继续收留那些流浪的猫犬,用自己的关爱来弥补无心的过失。他没有这样做,说明文章的主题绝不应局限于这个层次上,其中还包含着作者更深层的思考。

走进郑振铎先生的《家庭的故事》，细细品读这部收录了创作于1924—1928年之间的小说作品集。他着力描绘的正是当时"旧家庭的'积影'"。当时的社会刚刚经历巨变，许多封建旧家庭正走向瓦解。这样的旧家庭，酝酿出许许多多悲剧的家庭，家庭成员多半有着被侮辱、被损害的命运，而《猫》正是作为此短篇小说集的首篇，以猫的悲剧命运拉开了人的悲剧命运。虽说小说客观上以家庭成员的悲剧命运折射出种种不合理的封建制度和陈腐的思想，但小说的重点并不在于对此进行旗帜鲜明的批判。郑振铎没有巴金那样强烈的抗争意识和阶级意识，也没有鲁迅探索国民劣根性的深刻。他虽然承认旧家庭酝酿出了许多悲剧，但不无温和地表示："不过假定他们是'坏的'或是'不对的'，那是他们本身的罪恶么？"甚至反而有几分眷恋。

二、设置情境走进生命，简单而不简约

郑振铎先生在《家庭的故事·自序》中也说道："我写这些故事，当然未免有几分的眷恋。然而我可以说，他们并不是我自己的回忆录，其中或未免有几分是旧事，却决不是旧事的纪实。其中人物更不能说是真实的。或者有人看来觉得有些像真实者，那是因为这种型式的人，到处都可遇到，所以他们便以为写的像他或像她。"

语文课就是要读文本，但读什么、怎么读？这一点往往大部分课堂理不清，马老师在内容阅读时，从读整篇文本、读重点段落到读具体语句，一步步越走越细；在内涵剖析时，从读猫、读人到读人性，越来越深刻。语文教学，不仅仅要教孩子能读出的东西（重温也是一种教学），更要教出他们应该要读出却还没有读懂的东西，且教法不是告知，而是让学生在教师的点拨下感悟体验最终获得。

回到文章深处阅读，我们会问，针刺良心，刺出了什么？"我"严于律己、自我解剖又得出了什么？"永不养猫"的负罪感的背后又是什么？人性的多面性！生命的平等、自由的诉求！维护生命价值的可贵！尊重生命的漫长的路，强弱之分的社会状态，人性中的凶恶、冷酷、残暴和阴暗的暴

露提示着人性中善良仁爱、公平正义等美好一面的觉醒。文中的"我"剥夺了小猫的生命,"我"的忏悔和负罪又说明什么?过深的解读对初一学生而言,自然不适合,但一点都不去思考文本的深度,教学必然走向浅表化。我们应该教学生认识到:判断未明,勿轻结论;否则,既伤人,又害己。而且,我们还应该通过郑振铎先生沉重的笔触去感受"一个时代知识精英对生命的尊重与高度的责任感"。语文,应该是通过文字的浸润与滋养,达到精神的唤醒,简约而不简单。

笑看人生，经典永存
——《刘姥姥进大观园》课例研究

徐州市大龙湖中学　戚明亮

课例背景

教材解读

《刘姥姥进大观园》是部编语文教材九年级上册第六单元中的一篇传统白话小说，本单元所选篇目均为古典小说。阅读这些作品，可以让我们领略传统白话小说的魅力，了解古代生活，丰富人生体验，带领学生品经典之味，赏经典之美，同时激发学生对整本书的阅读兴趣。

作品中刘姥姥作为一位特殊的女性，从她三进荣国府中，可以看到一个小人物在与贵族相处中所表现出来的独特风格。本文所选部分为刘姥姥二进大观园的内容，她知恩图报，在大观园中表现得极为滑稽可笑，博取众人欢乐，关键时刻她又朴实率真，表现了一个底层劳动者的质朴智慧的本质。

学情分析

九年级学生已经具备了一定的阅读经验和阅读体会，但对于《红楼梦》这部书，学生了解得并不深入，几乎没有学生完整地阅读过《红楼梦》，所以教学这一选段有一定的难度。在学生预习环节，我给学生设置了两个自主阅读任务,其一为梳理选文中众人物关系图表;其二为圈画文中吃饭场景。同时辅以作者及创作背景的介绍,讲解《红楼梦》的内容及艺术价值以及在文学史上的巅峰地位,给学生以比较完整的印象,让学生能够深入学习本文,理解作者刻画刘姥姥这一底层劳动者形象的独特用意,提升学生对古典文学的鉴赏能力。

目标设定

（1）整体感知文章,梳理小说的情节,把握主要内容。

（2）品读文中对人物典型语言、动作描写的语句,把握小说中的人物形象。

（3）探究刘姥姥这一人物形象在作品中的文化意蕴。

教学重点:品读文中对于人物典型语言、动作描写的语句,把握小说中的人物形象。

教学难点:探究刘姥姥这一人物形象在作品中的作用。

情境建构

资料链接法:语文教材是引领学生自主学习的一个引子,如何借助一个精彩片段引发学生对整本书的阅读兴趣,是我在教学本单元时思考和实践的核心问题。《刘姥姥进大观园》一文中出场的人物众多,形象不一,要想让学生理解本文的核心问题"作者选取刘姥姥进大观园这一精彩片段想表达什么"就要分列出四个分问题:① 刘姥姥出现在怎样的场景中？② 刘姥姥在场景中有怎样的表现？③ 刘姥姥是一个怎样的人？④ 作者想表达什么？阅读课文时抓住关键语句梳理人物关系,掌握巧妙的分析方法尤为重要。因此我在课前为学生设计了两个自主阅读任务。

自主阅读任务1　完成人物关系图（图1）。

自主阅读任务2　了解贾府吃饭的场景（表1）。

阅读课文第4～11段,圈画有关贾府吃饭的句子,按时间顺序连缀成一段话。

思考:贾府是怎样吃饭的？

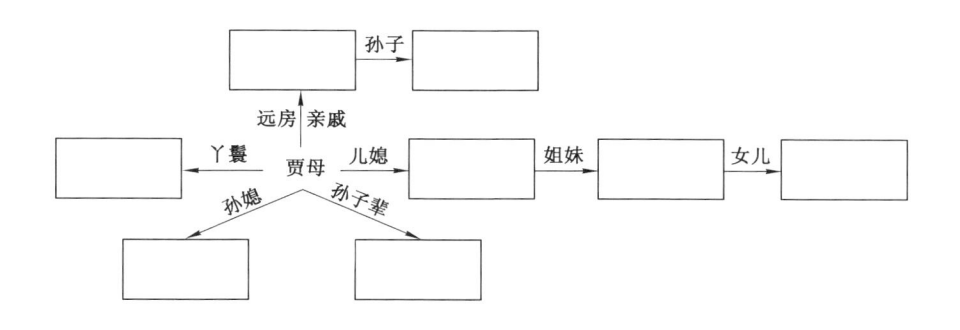

图1 《刘姥姥进大观园》人物关系图

表1 贾府吃饭场景

贾府吃饭	内容	特点
餐具		
过程		
座次		
氛围		
……		

同时课前建议学生自主阅读《红楼梦》第三回、第六回选段,为学生走进文本、理解作者塑造刘姥姥这一小人物的真正用意做足功课。

分析讨论法:对于课文中主要人物的性格特点,先让学生分析、讨论,各抒己见,然后教师进行品读、提示、点评、明确,加深学生对课文内容的理解和把握。

课例描述

一、激趣导入

"开谈不说红楼梦,读尽诗书也枉然。"《红楼梦》作为中国古典长篇小说的巅峰之作,是中国古代白话小说中的一颗璀璨的明珠。小说中人物众多,单有名有姓之人就多达480多个,可作者曹雪芹却在小说中安排了一位与贾府关系不大的刘姥姥,让她三次走进贾府。本节课就让我们还原《红楼梦》中的文字场景,看一下刘姥姥第二次走进贾府——大观园发生的有趣故事。

板书课题——刘姥姥进大观园。

课堂伊始带领全体同学完成课前的两个自主阅读任务,在分析中让学生看到,贾府这样的钟鸣鼎食之家,生活用具奢华同时是个需严守规矩的地方,连吃饭的氛围都很严肃寂静,这里生活着的不是贵族命妇就是大家闺秀,然而这样的一个地方突然来了这样一个人物——刘姥姥,这个人物会有怎样的表现呢?从中看出她有怎样的特点呢?

二、明确学习目标——多媒体展示,学生齐读

(1)整体感知文章,梳理小说的情节,把握主要内容。

(2)品读文中对人物典型语言、动作描写的语句,把握小说中的人物形象。

(3)探究刘姥姥这一人物形象在作品中的文化意蕴。

三、读"笑"剧——初读课文,整体感知

请同学们打开课本,默读课文,圈画关键信息。

(1)用简洁的语言概括文章内容。

(2)结合课文谈谈你印象最深刻的人物形象。

注意:做到不动笔墨不读书。

学生(2位)发言,概括课文内容。

学生1:刘姥姥在大观园中上演的一场笑剧(紧扣人物、地点、事件概括)。

学生2:凤姐、鸳鸯设"笑"局取笑刘姥姥,刘姥姥为贾母等人上演"笑"剧。

教师结合学生的"说",板书情节:设"笑"局—演"笑"剧—观"笑"剧—悟"笑"情。

从两位同学的发言引出刘姥姥,看看刘姥姥是怎样上演"笑"剧的?

过渡:请同学们走进"笑"剧主演——刘姥姥,看看她给你留下怎样的印象?

四、品"笑"料——跳读课文,分析形象

教师:课前预习,咱们要求大家做了批注式阅读,现在请大家结合文中描写刘姥姥的相关语句,以小组为单位,或读或演,谈谈你对刘姥姥的印象。

(1)小组活动三分钟,教师走进小组间,指导学生分工、朗读,抓住关键语句品人物。

(2)小组展示,给予加分点评。

学生朗读与刘姥姥相关的语言、动作描写,感知人物形象。

> 那刘姥姥入了坐,拿起箸来,沉甸甸的不伏手,——原是凤姐和鸳鸯商议定了,单拿了一双老年四楞象牙镶金的筷子给刘姥姥。刘姥姥见了,说道:"这个叉巴子,比我们那里的铁锨还沉,那里拿的动他?"说的众人都笑起来。

第一个笑料是将象牙镶金的筷子称为"叉巴子",用语粗俗,两者对比,形成巨大的反差。对于这些贾府众人来说,反差更大,因为他们的日常生活中规矩森严、用具奢华,从来也没见过农具,更没听过"叉巴子"这样的词,会更觉得好笑。

(学生朗读)

师:我们发现第一个笑料是因筷子而起的,丑化自己没有见识且粗俗,"四楞象牙镶金的筷子"与"叉巴子"之间的反差,在贾府这样的场景中更有加倍的效果。那么请同学们从这几个方面入手,分析其他的笑料。

> 贾母这边说声"请",刘姥姥便站起身来,高声说道:"老刘,老刘,食量大如牛;吃个老母猪,不抬头!"说完,却鼓着腮帮子,两眼直视,一声不语。众人先还发怔,后来一想,上上下下都一齐哈哈大笑起来。

第二个笑料是因食量而起的,刘姥姥用词非常粗俗,都是"牛""老母猪"一类的词,而且丑化自己、调侃自己,把自己的食量说成与牛一样大,就好像自己是个牛。贾府里面的人,吃饭都是规矩森严的,也不会有这么粗俗的用词,所以又是巨大的反差,让贾府中人发笑。还有刘姥姥的动作,"鼓着腮帮子,两眼直视,一声不语",一本正经的样子,增强了搞笑的效果。

师:除此之外,还可以注意这句话的语言形式,这个句子读起来非常顺溜,"刘""牛"读快了的读音是非常接近,这是一句顺口溜,类似我们听相声的时候,相声演员常用这样的方式来逗乐。

据很多学者考证,《红楼梦》主要是北京话,其中也夹杂了南京一带的江淮官话,与曹雪芹儿时在南京的生活经历相关。如果刘姥姥这句语言是当时南京一带的江淮官话,那么"刘"与"牛"的读音几乎是一样的,读起来可能更有趣,那么我们找一名同学来读一读、演一演,切实地感受一下。

(学生朗读、表演。)

师:此外还有哪些笑料呢?

刘姥姥拿起箸来,只觉不听使,又道:"这里的鸡儿也俊,下的这蛋也小巧,怪俊的。我且得一个儿!"众人方住了笑,听见这话,又笑起来。

刘姥姥便伸筷子要夹,那里夹的起来?满碗里闹了一阵,好容易撮起一个来,才伸着脖子要吃,偏又滑下来,滚在地下。

第三个笑料是由鸽子蛋引起的,刘姥姥故意将鸽子蛋说成是鸡蛋,显示自己很没有见识的样子,通过自嘲来引人发笑,不只是语言,刘姥姥还利用"闹""撮""伸着"等一连串笨拙的动作,增强效果,故意引人发笑。

师:我们把几个笑料放在一起,再来读一读。

(多媒体展示上面四个句子。)

师:这些笑料放在一起我们会发现有的是利用事物之间的反差,有的是通过夸张的言语或动作,还有的是通过曲解,但是可以发现其中的共同点是刘姥姥都在自嘲、扮丑,显示出自己没有见识、笨拙的一面。但是,她身上散发出不平凡的气息,虽以她为笑点,但她没有抱怨,自得其乐,她的气度让人佩服,同时又没有失去庄稼人爱惜粮食,珍惜粮食的美好品质。

五、赏"笑"态——再读课文,分析形象

过渡:刘姥姥用夸张式的语言和憨态可掬的动作为我们表演了一出笑剧,刘姥姥的表演是否精彩,让我们问问面前的观众。

齐读课件语句,从众人形态各异的"笑"中,结合文中语句,谈谈你印象最深刻的人物形象。

学生口答,学习侧面描写的作用。

凤姐、鸳鸯的笑而不露,反映她们善于计谋、爱耍小手段取笑、捉弄人的性格特点。

探春、史湘云、薛姨妈的笑自然流露,反映她们率真、爽朗、不受拘束的性格特点。

林黛玉的笑极力控制,反映她含蓄、有教养而又谨慎的性格特点等等。

作者以活动事件为中心来描绘群像,人物形象异常生动,栩栩如生。

("笑"出人物性格、身份、地位。)

小结:一个来自乡下的农妇;一群贵族之家的阔人;一场晓翠堂上的家宴;一幅众人皆"笑"图,这一俗一雅,一谐一庄,作者在主人公刘姥姥身上倾注了自己的感情,作者塑造刘姥姥这一形象的用意是什么?

六、悟"笑"意——拓展阅读,探究用意

阅读刘姥姥三进大观园的相关内容,探究作者塑造姥姥这一形象的用意。先让学生大胆地说,教师多媒体展示链接材料。俗话说:刘姥姥进大观园——洋相百出!你觉得刘姥姥她丑吗?

背景链接:刘姥姥忙赶了平儿到那边屋里,只见堆着半炕东西。平儿一一地拿与他瞧着,又说道:"这是昨日你要的青纱一匹,……这一包是八两银子。这都是我们奶奶给的。这两包每包里头五十两,共是一百两,是

太太给的，叫你拿去或者作个小买卖，或者置几亩地，以后再别求亲靠友的。"

读读言外之意——不要再来了！

第三次进贾府是在小说的第一百一十三回，因听说贾府抄家，着实忧心，又因贾母噩耗传来，刘姥姥悲痛欲绝。次日，天没亮就赶着进城来了。她去狱神庙探望凤姐，凤姐拜托她一定要把巧姐找回来，结果她卖了房子凑足钱，赎回了巧姐，而后带着巧姐回乡下避难。

你从这段材料里读到了什么？作者塑造刘姥姥的真正用意是什么？

板书：悲悯—批判。

总结："满纸荒唐言，一把辛酸泪，都云作者痴，谁解其中味！"作者借生活在农村芥豆之微的老妇人刘姥姥之眼见证了贾府的荣衰变迁，批判了"朱门酒肉臭"的封建贵族生活，流露出的是对底层人物"刘姥姥"的同情和尊敬之情。作者运用对比的手法，凸显了刘姥姥不同于世人的那种本性的善良和仗义的品性，一个实实在在做事、本本分分做人的底层劳动者的文化意蕴。

课例评价

《红楼梦》是中国古典小说的巅峰之作，四大名著之首，清代长篇章回体小说，中国封建社会的百科全书，传统文化的集大成者。怎样借助学习《刘姥姥进大观园》这一选文激发学生阅读整本书的兴趣是我在教学中思考的一个核心问题。因此，我把品析作品中刘姥姥这一人物的文化意蕴作为教学的重难点加以设计，旨在借助资料链接，全方位、系统地认识刘姥姥这一乡下村妇三次来贾府的不同用意，尤其是第二次来贾府，恰逢元春省亲之后，贾府正值鼎盛之时，而刘姥姥不是为讨钱而来，而是为报恩而来，在大观园中，千里迢迢来报恩的人少之又少，刘姥姥算是一个特例。为了调动学生的学习热情，我通过对学生读书兴趣的撩拨，增强学生的体验，促使学生主动读书探究的欲望，让学生主动参与度更高！

本节课课前预习环节安排学生阅读第三回中黛玉进贾府用餐场景和第六回中刘姥姥与女儿、女婿对话的相关情节，唤醒学生的阅读经验，并与刘姥姥进大观园用餐情节进行比读，启发学生对不同的人物形象进行思考。课堂上我们借助自主阅读任务 1"梳理人物关系图"，了解了小说中出现的人物以及人物之间的关系，确定了文章的主人公。借助自主阅读任务 2"贾府吃饭的场景"，通过提取文章中的有用信息，概括出人物活动场景的特点，之后确定了本节课的核心问题：刘姥姥是个怎样的人？作者想表达什么？在自主阅读任务 1 与任务 2 中，通过分析人物在特殊场景下的表现，以及表现的原因，推断刘姥姥是一个怎样的人。

本篇课文讲刘姥姥第二次进入贾府，根据学生的自主阅读讨论，引导学生勾连整本书，关注刘姥姥第一次和第三次进入贾府的相关经历，见微知著，更加全面深刻地认识刘姥姥。最后通过场景与人物之间的对比，深刻理解作者塑造刘姥姥这一人物形象的用意。

通过学习《刘姥姥进大观园》，带领学生在完成任务的过程中，我们学习和实践了一些自主阅读小说的方法，提取文章中的有用信息，分析人物形象特点，赏析场面描写和艺术留白的妙处，推断小说隐含信息等，从而深入地了解了这个人物的特点，以及作者在本章节塑造这个人物想表达什么。《红楼梦》意蕴丰厚，单凭一篇文、一个人物、一节课很难读懂看透，因此课后作业建议学生读一读全书，期冀他们有更多的体会和感悟。

淳朴民风,乡土情结
——《社戏》课例研究

徐州市新元中学　张雪芹

课例背景

教材解读

《社戏》选自部编语文教材八年级下册第一单元,小说是以江南农村为背景,描写了"我"小时候跟随母亲"归省",在外祖母家和小朋友们一起去邻村看社戏的情景。小说中不仅描写了"平桥村"月下水乡的清新、优美、令人沉醉的自然风光,还给我们展示了当地丰富多彩的乡土文化,如社戏中的节日习俗,出嫁女子归省的民俗,同村本家行辈的礼俗,等等。这个"离海边不远,极偏僻的,临河的小村庄"中的民风更是淳朴善良、热情好客,有外祖母的慈爱,也有淳朴善良农民的疼爱,更有热情能干小伙伴的友爱。那里还有一片可以摆脱封建教育和封建伦理观念的自由天地,展示着千年儒家文化熏陶下人伦亲情与淳朴、自然的民风。文中表现出故乡的美好,流露出鲁迅对故乡的挚爱之情。

学情分析

初中语文新课程标准指出,语文课程还应通过优秀文化的熏陶感染,提高学生的思想道德修养和审美情趣,使他们逐步形成良好的个性和健全的人格。我们中华民族有着五千年的文化底蕴,博大精深,源远流长,包罗万象,包含了人生哲学、民俗宗教、道德修养、文化经典等。我们部编教材的初中语文课本中,也收录了不少经典文学作品,其中蕴含着丰富多彩的文化因子。

文化在中学语文课堂教学中的传承,最为关键的环节在于老师通过教学行为进行各方面的渗透。但在教学之前,老师要理性地、辩证地看待传统文化,尤其要有萃取其精华的意识和能力。因为在课堂教学中,只有让学生吸收传统文化中的优秀因子,才能真正对学生的思想和行为产生影响,成为促进学生进步的动力。

结合初中语文教材《社戏》一文,老师带领学生共同发掘其中的传统文化精髓,让学生在课堂学习中感受传统文化魅力,积极发挥文化传承作用,汲取其中的正能量,用优秀传统文化塑造学生的健康人格,促进学生健康发展。

目标设定

(1) 掌握相关文学、文化常识,概括主要事件,学习围绕中心选材、叙事详略得当的写法。

(2) 体会叙述、描写、抒情、议论等多种表达方式综合运用的表达效果。

(3) 通过揣摩语句的含义,分析人物形象,感受童真童趣以及劳动人民的纯朴善良、友爱无私的美好品质。

(4) 体会作者对美好童年生活的回忆和眷恋之情,理解传统文化民俗的价值和意义。

情境建构

它是中华民族文化的瑰宝,是东方的歌剧,是华夏儿女心中的国粹。它就是——戏曲。从戏曲中我们可以欣赏到唱腔的音韵美、脸谱的绘画美、服装的造型美。今天我们一起走进鲁迅的童年回忆,看看鲁迅笔下的"社戏"。

创设情境,培养学生朗读习惯,采用多种朗读方法,培养学生自主、合作、探究的学习方式。

具体做法如下：

（1）情景设置法——激发感情，引起兴趣；创设朗读情境，以情传情，感染学生。（利用多媒体）

（2）合作法——拓展资料，交流心得。

（3）朗读展示法——多种形式朗读展示，丰富学生的阅读体验。

其中，朗读展示法是本课最主要的方法，即在课前大量资料积累准备的前提下，让学生以多种形式进行朗读展示，走进文本深处，感受传统文化背景下的社戏。

课例描述

一、初读课文，了解社戏、民俗文化

问题1："社"原指土地神，在我国部分地区，社也是一种区域名称，社戏就是社中每年所演的"年规戏"。简单地说，很多时候是农村一村或几村共同出资，举行祭神、迎神赛会或岁时节庆时所演的戏曲，在江南尤为盛行。徐州是否有类似的民俗文化活动，可以讲给同学们听。

提示：徐州春节时候的"演会"，大年初一的登高，大年初二回娘家，清明祭祖，春天的泰山庙会等。

问题2：当地的社戏是以怎样的观看方式？你了解哪些戏曲文化？

提示：按照绍兴的民俗，农民在每年播种或收获的季节都要祭祀土地神，每家每户出钱请戏班子表演，一方面是拜神祈福的封建习俗，另一方面是作为娱乐大众的活动。社戏一般在庙台上临时搭建，一种是建于庙宇大殿前的天井内，另一种筑于庙门的水上舞台，或称"水台"，观众可坐在船上看戏。

文中第14段中"最惹眼的是屹立在庄外临河的空地上的一座戏台""近台的河里一望乌黑的是看戏的人家的船篷"就很好地展示了当时鲁村人看

戏的特殊方式。

戏曲文化常识简介：

四行当：生、旦、净、丑；

四种艺术手段：唱、念、做、打；

五种技术方法：手、眼、身、法、步。

问题3：小说的中心事件是"看社戏"，围绕"看社戏"写了哪几件事？仿照课后"思考探究一"示例，用四字短语概括。这些事情的详略是如何安排的？

提示：随母归省；钓虾放牛；戏前波折；夏夜行船；船头看戏；月夜归航；六一送豆。

戏前波折、夏夜行船、船头看戏、月夜归航这几个情节是详写，随母归省、钓虾放牛、六一送豆是略写。文章的主要内容是看社戏，所以戏前的波折、看社戏途中、赵庄看社戏、戏后归航偷豆等详写；其他略写。

问题4：文章中最能表达作者对"看社戏"的感情的语句是哪一句？

提示："真的，一直到现在，我实在再没有吃到那夜似的好豆，——也不再看到那夜似的好戏了。"文末议论、抒情的句子一般是揭示主旨，强化、深化感情，表示"我"怀念"好豆"，更怀念"好戏"。

朗读指导：重读"真的""一直""实在""再""也不再"等词语，体会"我"的遗憾、留恋、怀念之情。

二、跳读课文，感受"好戏"中的乡土文化

问题：文中"社戏"并不好看。跳读课文第14~21段，有很多具体的理由。如第18段"铁头老生却又并不翻筋斗"；第19段"我最愿意看的……等了许多时都不见""卖豆浆的聋子也回去了"；第20段描写了我昏昏欲睡的过程和小伙伴们的"打呵欠"；第21段老旦反复地唱，连双喜都"熬不住了"。但作者在文末却称之为"好戏"，能够唱出"好戏"的"平桥村""赵庄"是怎样的神奇之地，被"我"称之为"乐土"？

提示：(1) 跳读课文第1~3段，感受"平桥村"淳朴好民风。

① 归纳"平桥村"的民俗文化：浓厚的乡土文化气息。

A. 关于"归省"。许慎《说文解字》解释为:归,女嫁也。《礼记》中"男有分,女有归"的意思是男子能娶妻,女子能嫁人。"归"还有一种,是归宁,指出嫁女子回家探望父母。

B. 关于"扫墓"。文中"在扫墓完毕之后,抽空去住几天,这时我便每年跟了我的母亲住在外祖母的家里"中的"扫墓"是祭祀的一种民俗活动。

C. 关于伦理等级。文中"论起行辈来,却至少是叔子,有几个还是太公",儒家治国的手段是深入人心的封建等级观念,重视阶级尊卑的三纲五常,用"礼"维护社会秩序,强调尊卑有序。

D. 关于"社戏"。每年村庄都有社戏活动,表明这个地方村民的精神生活是富有的。这里看不到物质生活的匮乏和村民精神生活的闭塞与麻木。

② 学生概括"平桥村"民风。

A. 这里的人都很善良,充满友爱,小伙伴愿意陪"我"玩;

B. 长辈们对晚辈充满慈爱,对我尤其厚爱;

C. 人们没有私心,地里的庄稼不分彼此,大家共享;大家虽然有封建礼教观念,但平时还是本着平等、友爱、和睦的精神进行交往。

③ 概括我在"平桥村"的快乐生活。

A. 不用读书。

B. 有一群小伙伴陪伴且受到种种"优待"。

C. 钓虾、放牛的快乐。

(2) 称之为"好戏"还源于戏前的波折。

问题:作者在"看戏"这部分没有平铺直叙,而是写得一波三折,如写看戏前的几次波折和转机。请同学们跳读课文第4~9段,在文中勾画出来,并思考这样写的好处。

提示:

波折:① 叫不到船;② 不准和别人去;③ 外祖母要担心。

转机:① 八叔的船回来了;② 小伙伴们与"我"同去;③ 双喜写包票。

好处:① 情节曲折,为下文看社戏做铺垫;② 初步塑造出小伙伴的热情、能干等特点,其中双喜尤为突出。

（3）称之为好戏还源于一群纯真质朴的小伙伴。

问题：这篇小说人物众多，谁是贯穿始终的人物？谁是本文的主要人物、次要人物？结合他们的言行分析其性格特点。

提示：贯穿始终的人物："我"；主要人物：双喜；次要人物：阿发、桂生、六一公公。

双喜：一个善解人意、考虑周到、聪明机灵、办事果断的孩子，是孩子中的"小领袖"。

① 戏前波折时，双喜提议——聪明。② 当外祖母担心没有大人陪同，双喜大声打包票——善解人意、反应灵敏、考虑周到。③ 看戏时双喜给我解释铁头老生不翻筋斗的原因——聪明、细心、有见解。④ 归航偷豆时询问阿发的意见——考虑事情周到；双喜以为再多偷阿发家地里的豆，担心阿发的娘知道是要哭骂的——思虑周全；吃完豆，双喜所虑的是用了八公公船上的盐和柴，并提前做好对策——考虑事情周全。⑤ 双喜送"我"回到家，"都回来了！那里会错。我原说过写包票的！"——做事有始有终。⑥ 双喜回答六一公公的问话——反应灵敏。

六一公公：一个淳朴、好客、热诚、宽厚的老人。

① "双喜，你们这班小鬼，昨天偷了我的豆了罢？又不肯好好的摘，踏坏了不少。"不在意双喜他们是否偷了豆，而在意他们踏坏了庄稼——善良、宽厚、爱惜劳动果实。② "六一公公看见我，便停了楫，笑道，'请客？——这是应该的。'"还问："迅哥儿，昨天的戏可好么？""豆可中吃呢？"——淳朴、好客。③ 六一公公自夸豆好："我的豆种是粒粒挑选过的。"——好强。④ 六一公公送豆给母亲和"我"吃——老实、厚道、热情、淳朴。

阿发和桂生：阿发憨厚、无私；桂生机灵、勤快。

小结："我"所难忘的是平桥村展现出来的淳朴好民风，老人和孩子们身上那种朴实、热忱的感情和文中呈现的江南水乡特有的优美风光、自由的空气、人与人之间和谐亲密的关系。这里的一切是"我"在以后的人生道路中不曾经历与体验过的。"我"对这段往事的回忆，表达了作者对理想中的美好生活的向往之情。

三、精读课文,品析"好景"中的语言文化

文中"我"称之为"好戏"还源于江南优美的水乡风光。

问题:作者在后来的叙述中,认为"那夜似的好戏了"的原因除了"平桥村"丰富的民俗文化、淳朴的民风、快乐的生活之外,还有江南水乡特有的景物。找出文中的景物描写,并分析其表达效果。

【提示】

景物描写:①"两岸的豆麦和河底的水草所发散出来的清香,夹杂在水气中扑面的吹来;月色便朦胧在这水气里。"这里从嗅觉、触觉、视觉角度写两岸的景物和月色,描绘了一幅水乡月夜美景图。

②"淡黑的起伏的连山,仿佛是踊跃的铁的兽脊似的,都远远地向船尾跑去了,但我却还以为船慢。"运用比喻的修辞手法,以动写静,生动形象地表现了"我"去看社戏时迫切、激动的心情。

四、拓展阅读,理解作者的故乡之思

问题:阅读《社戏》全文,联系文中"我"成年后在北京两次看戏的经历,进行比较,谈谈其不同。

提示:成年后在北京的两次看戏经历,都不是很愉快,在一定程度上反映了当时社会的混乱与沉闷、世故与污浊,与文中"我"儿时在平桥村的自由纯真的生活形成了鲜明的对比,表达作者鲁迅对记忆中故乡的热爱与怀念。

课例评价

从文化传承的角度来解读本文,在课堂教学的前半部分,文中展示的生活环境距离学生生活较远,我从徐州本地的民俗民风谈起,拉近了学生与本文环境的距离,然后从文题入手,重在挖掘文中的传统文化因素、语言文化因素,如引导学生了解关于社戏的民俗文化、戏曲文化,感受赵庄社戏的民俗活动景象,感受当地浓厚的乡土文化气息,感知平桥村村民的生活景象,感知江南水

乡孩子们的生活景象,进而让学生在心中展开一幅旧时江南水乡的生活画卷。在课堂教学的后半段,在从文化解读引导的同时,抓住小说的文体特点,重在引导学生赏析文中的景物描写,紧扣文本进行人物形象分析。在品味鲁迅作品语言的准确简练、含义丰富、表现力强、风趣幽默的特点的同时,感受鲁迅先生独特的语言文化的魅力。在分析人物形象的环节中,重点突出平桥村淳朴好客的民风背景下的慈爱、宽厚的长辈们和一群可爱的小伙伴,让学生感受到虽然"社戏"本身并不是十分精彩,但看戏前后的人和事,作者少时的多彩生活,还有记忆中的故乡更令人值得珍惜。最后的拓展阅读,将前面的引导转变为学生自主探究前后看戏的不同,拓宽学生的视野,增加其知识储备。文中知识点众多,在教学过程中,不能面面俱到,于是有所取舍,突出从文化传承视角的解读。

第二编
诗歌课例研究

阅读指津

中国诗歌源远流长，形式丰富，成就辉煌。先秦的《诗经》《楚辞》、汉乐府、唐诗、宋词、元曲等星光璀璨，汹涌激荡，汇集成中国文学、文化的历史长河。中国传统诗歌本身就是一种文化传统，同时，诗歌描绘的意象，承载的家国情思、志趣追求，提及的历史掌故、民间习俗，乃至诗歌的艺术形式、格律规范等，文化元素丰富，均是语文传统文化教育教学的有效资源。

部编初中语文教材课包含诗词近百篇，其中古典乐府2篇、诗55首、词19首、曲4首，现代诗歌（加上信天游1首）15首，散布于各个单元及学期的"课外古诗词诵读"中，此外，推荐阅读整本诗集《艾青诗选》。如果加上小学的篇章、课堂教学拓展、学生自读，以及各种诗歌文化类语文生活，初中生的诗歌阅读氛围浓厚，可以充分感受传统诗歌文化的魅力。

教师充分地研读诗歌，确定符合课程目标、学生实际的文化内容，并精巧地设计教学，与学生一起建构传统诗歌学习的真实情境，采用有效的教学策略，开展丰富的学习活动，激发学生诵读诗歌的兴趣，领略诗歌文化的魅力，传承诗歌承载的家国情怀，积累传统意象，并涵养性情、积淀品质，提升语言和文化的核心素养。课题组精选了《乡愁》《沁园春·雪》《木兰诗》，涵盖古今，从文化传承的角度，探索出诗歌阅读教学的一条新路径。

徐州市第三十六中学　程龙

思乡文化,蕴于新诗

——《乡愁》课例研究

徐州撷秀初级中学　王伶俐

课例背景

教材解读

　　《乡愁》是部编语文教材九年级上册诗歌单元的重点课文,抒写思乡愁绪,体现了诗人余光中思想中最执着的主导情感——中国意识。乡愁本是一种抽象的情感,作者巧妙地将乡愁这种情感进行了物化,找到了它的对应物。诗中,在人生的四个阶段里,乡愁分别寄托在邮票、船票、坟墓和海峡上,随着乡愁在人生每个阶段的对应物的改变,"乡愁"的情绪越来越浓,最终由个人的故乡之思上升到带有普遍意义的家国之思。

　　从这首诗的分段上来说,每一小段都代表着人生的一个阶段。作者以时代的不同作为这首诗的四段,即小时候的母子分离—长大后的夫妻分离—后来的母子死别—现在的游子与大陆的分离。诗人为每个阶段的乡愁找了一个具体的对应物:邮票、船票、坟墓、海峡。时空的变换,让整首诗的描述进入一个更高的层次,一开始描写从小离开,与母亲互通书信,把所有的乡愁都铭记在邮票上。成年之后,因生活所迫,与亲人聚少离多,从而把所有的情感都寄托在船票上。到后来,一方矮矮的坟墓,将"我"与母亲永远分开了! 诗至此处,读者不禁会想,世间还有什么样的离情比死别更令人断肠？有,那就是乡愁！一湾浅浅的海峡将"我"与祖国大陆隔开,个人的故乡之思上升到了家国之思。全诗在此戛然而止,留下长长的余味。

学情分析

初三学生对于诗歌阅读有一定的经验和体会,对于想家的感受也有一些体验。但由于学生缺乏作者那种长期背井离乡的体验,要理解诗中蕴含的深刻情感,却不容易。为此,要做好两种准备：一是让学生提前搜集余光中的生平资料,阅读他的诗歌作品；二是创设情境,反复朗读,体验诗人的乡愁情结,了解诗歌的结构体式特点,体验思家念国之情,并尝试运用本课所学去艺术地表达自己的情感。

目标设定

（1）了解有关诗歌的基本常识,积累诗中名句。

（2）有感情地朗读诗歌,感知《乡愁》创造的意境及表达的情感,理解和掌握诗人将抽象感情具体形象地表达出来的艺术构思。

（3）品味诗歌富有表现力的语言,体会《乡愁》中诗人在不同时期、不同环境下思乡爱国的深厚感情。

教学重点：诵读诗歌,把握诗歌中出现的形象,领会其象征含义。

教学难点：透过诗歌富有表现力的语言,领会作者在诗歌中表达出的思想感情,体会《乡愁》中诗人在不同时期、不同环境下思乡爱国的深厚感情。

情境建构

这首诗回环往复,一唱三叹,具有古典诗词的格律美和音韵美。其内容可以分四个阶段,这四个阶段在时间上是前后顺承的,即小时候—长大后—后来—现在。在这首诗中,人生的几个阶段都在每段的起始明确提出。因此,在学习本文之前,教师可以通过播放歌曲《想家的时候》,建构思乡的情景,并反复诵读《乡愁》这首诗,感受诗人余光中心灵深处一个执着的主导情感——对中华民族历史文化的认同感。

课例描述

一、导入

播放歌曲《想家的时候》。

作者简介及写作背景。

二、诵读

(1) 学生自读这首诗,思考:这首诗表达了作者怎样的情感?(思乡之情)

(2) 教师朗读,学生听读,并用笔划分节奏,标注重音,旁批语气。

(3) 再读全诗,注意:语气、语调舒缓深沉,语速稍慢,要注意节奏,要抑扬顿挫,要饱含感情,层层递进,感情越来越深,在第4段达到顶峰。

三、品读

(1) 学生用简洁的语言分别概括4个段落的内容。

归纳:母子之别;夫妻之别;母子之别;家国之别。

(2) 第1、3段的母子之别是否重复了?

明确:第1段是生离,第3段是死别,死别更令人心痛。

朗读第1、3段,读出递进感。

(3) 再读第1~4段,读出个人之思,读出家国之恋,读出作者对祖国的一片深情。

四、解读诗境

(1) 诗人是借助哪些意象把对祖国的思念之情表现出来的?

明确:邮票、船票、坟墓、海峡。

(2) 学生根据自己对诗歌的理解,展开丰富的联想和想象,描绘诗歌每一节所构成的画面。(品语言:"小小的""窄窄的""矮矮的""浅浅的",富有音乐美。"小时候""长大后""后来啊""而现在",富有结构美。)

(3) 这些意象表达了作者怎样的思想感情?

邮票(小)——母子情　　　船票(窄)——夫妻情

坟墓(矮)——生死别　　　海峡(浅)——家国恋

(4) 再读全诗,读出意境和感情。

五、延读乡情

回忆以前学过的有关乡愁的诗句。

如:"露从今夜白,月是故乡明"(杜甫);"乡书何处达?归雁洛阳边"(王湾);"日暮乡关何处是,烟波江上使人愁"(崔颢)……

六、布置作业

背诵全诗;阅读席慕蓉的《乡愁》,比较两首诗在表达上各有什么特点。

七、板书设计

乡愁　余光中

邮票(小)——母子情

船票(窄)——夫妻情　　家

坟墓(矮)——生死别　　｜

海峡(浅)——家国恋　　国

课例评价

《乡愁》作为现代诗里面的一个典型,无论是在诗的内容上还是整个节奏上,都反映着当时社会的种种状况。自古以来我国就有很多反映思乡情结的诗歌。《乡愁》这首诗的作者深受中华传统文化的熏陶,在当时社会的影响下,又加上作者本人的国人情怀,所以就创作了以乡愁为主题的诗。在这首现代诗的词句当中,体现了中华五千年文明的沉淀。《乡愁》这首现代诗中透露出的思念之情,更具有古诗"独在异乡为异客,每逢佳节倍思亲"的情结。从古至今"思乡情结"是每个国人心中思念之所在。"乡愁"也是我们国人之间永恒不变的旋律。因此,课堂设计的最后一个"延续乡情"环节也可以换成:

结合课文形式,仿写"乡愁是……"

乡愁是一杯浓浓的酒;乡愁是一轮圆圆的月;乡愁是故乡那湾永远流淌的小溪;乡愁是那股在心灵深处流动的血液;乡愁是远走时父亲久久的伫望;乡愁是别离时母亲不断地挥手;乡愁是印刻在记忆中的古老童话;乡愁是人一辈子走不出的精神的家……

思念家乡是国人心中永恒的话题。每个人对于自己家乡的任何环境都有着深厚的情感。这也让身在各方的游子,无论在哪,他们对家乡的情感也是难以割舍的。往往就是一封家信或者是听到乡音,都可以让他们对家乡的思念更加深厚。文学沉淀成一部大史书,但依然写不尽国人的乡愁之情。

三次思辨，文化交融
——《沁园春·雪》课例研究

徐州市娇山湖中学 张世芹

课例背景

教材解读

《沁园春·雪》是部编语文教材九年级上册第一单元的一首词。1936年2月，毛泽东和彭德怀率领红军长征部队胜利到达陕北清涧县袁家沟，为了视察地形，毛泽东登上了海拔千米白雪覆盖的塬上，当"千里冰封"的大好河山和白雪皑皑的塬地展现在他眼前时，不禁感慨万千，诗兴大发，欣然提笔，写下了这一首豪放之词。这首词分上下两阕，上阕描写乍暖还寒的北国雪景，展现伟大祖国的壮丽山河；下阕对祖国山河的壮丽发出感叹，并引出秦皇汉武等英雄人物，纵论历代英雄人物。此词不仅赞美了祖国山河的雄伟和多娇，更重要的是赞美了今朝的革命英雄，抒发毛泽东伟大的抱负及胸怀。

学情分析

《沁园春·雪》这首词的文化成就，因为挟带着东征这一伟大的历史事件，超越了时空，成为中华民族永远的精神象征和精神高地。然而莘莘学子因为涉世未深，只能停留在文字表层感受毛泽东诗词的豪放，很难深入文字背后，真正与伟人共情。

目标设定

（1）思辨两种唱调，体悟毛泽东的豪迈人生。

（2）思辨"引"字内涵，走进毛泽东跌宕起伏的人生。

（3）思辨"惜"的理解，争做今朝英雄。

情境建构

这节课创建关于《沁园春·雪》的摇滚和美声唱调，搭建诗文中"冰雪人生"的文化支架，引领学生走进毛泽东豪迈的内心世界。创建"引""惜"等一词多义的辩论环境，搭建毛泽东一生创作的诗词文化支架，引领学生体悟毛泽东的折腰人生；搭建当今英雄的文化框架，引领学生争做今朝英雄。多种文化在三次思辨中交融，是这节课建构的最大特色。

课例描述

一、第一次思辨

聆听许魏洲演唱的《沁园春·雪》，再聆听殷秀梅演唱的《沁园春·雪》，你赞同哪一种演唱处理方式？说说理由。

生1：我对音乐没什么研究，凭直觉，我认为后者更符合词的意境——雄浑磅礴。

生2：我不喜欢美声唱腔，反而感觉许魏洲的通俗唱法很有力量。

生3：音乐带给我美好的享受，两种唱调我都喜欢。只是感觉美声唱法更符合毛泽东豪迈的情怀。

学生各抒己见。其实学生能说出"雄浑""磅礴""豪迈"已经很了不起了。

文化小支架

冰雪人生

柳宗元：孤舟蓑笠翁，独钓寒江雪。

张岱：湖上影子，惟长堤一痕，湖心亭一点，与余舟一芥，舟中人两三粒而已。

岑参:忽如一夜春风来,千树万树梨花开。

毛泽东:山舞银蛇,原驰蜡象,欲与天公试比高。

通过朗读对比,学生明白了柳宗元的孤独寂寞,张岱的遗世独立,岑参的乐观向上,毛泽东的英勇豪迈。最后确定这首词的朗读格调:高昂、磅礴。

多媒体播放"江山多娇"的主题视频,学生齐读诗歌,读出高昂的语调,磅礴的气势,体悟毛泽东豪迈的个性。

二、第二次思辨

"江山如此多娇,引无数英雄竞折腰",这是个承上启下的过渡句。"引"字你如何理解?请结合上阕说说理由。

生 1:我认为这个"引"是"吸引"的意思。上阕写江山多娇的,吸引了无数英雄志士为之倾倒。

师:你能品析一下上阕如何写江山多娇的吗?

生 2:我认为这个"引"还有"引导"的意思。"欲与天公试比高",祖国的山山水水都积极向上,与天公比高,它们的精神引导诸多英雄积极奋斗。

生 3:我认为这个"引"还有"引发"的意思。美丽的河山许多美好的事物都会引发我们思考:海纳百川,有容乃大;壁立千仞,无欲则刚。

师:"天行健,君子以自强不息;地势坤,君子以厚德载物"。同学们说得太好了。"吸引"也好,"引导"也好,"引发"也好,我都希望大家能做一个为祖国折腰的英雄!毛泽东就是这样的英雄,一起诵读他的诗词,感受他为祖国折腰的情怀。

文化小支架

(1) 恰同学少年,风华正茂……指点江山,激扬文字。

(2) 敌人围困万千重,我自岿然不动。

(3) 不似春光,胜似春光,寥廓江天万里霜。

(4) 踏遍青山人未老,风景这边独好。

(5) 五岭逶迤腾细浪,乌蒙磅礴走泥丸。

(6) 不到长城非好汉,屈指行程二万。

（7）钟山风雨起苍黄,百万雄师过大江。

（8）金猴奋起千钧棒,玉宇澄清万里埃。

（9）一万年太久,只争朝夕。

（10）世上无难事,只要肯登攀。

毛泽东的诗词见证了他为祖国"折腰"的点点滴滴。从"少儿立志出相关,学不成名誓不还"到"同学少年,风华正茂,指点江山,激扬文字"再到"钟山风雨起苍黄,百万雄师过大江",最后到"世上无难事,只要肯登攀",记录的就是毛泽东的"折腰"人生。

三、第三次思辨

下阕评论"折腰英雄"作者竟然用了一个"惜"字,你是怎样理解的？说说理由。

生1:我认为"惜"就是"惋惜"的意思。毛泽东惋惜秦皇汉武略输文采,唐宗宋祖稍逊风骚,还有成吉思汗只有武略,缺乏文治,特别是"只识弯弓射大雕"的"只"字,把这种惋惜的情感写活了。

生2:我感觉"惜"还有"爱惜"的意思。在毛泽东内心深处,秦皇汉武、唐宗宋祖和成吉思汗都是英雄,是改变历史的伟人。从"略输文采""稍逊风骚"两句中的"略"和"稍"两个词可以断定出来。只是人无完人罢了。

生3:我是中间派,即赞同爱惜人才的观点,也赞同委婉批判"武略中缺少文治"的莽汉。但我还感受到毛泽东更珍惜"文韬武略"皆备的今朝的无产阶级人民大众。从"俱往矣,数风流人物,还看今朝"可以看出。

文化小支架

邓稼先:我的原子弹让中国自卫！

袁隆平:我的杂交水稻让农民自立！

毛泽东:我的军队让中国自主！

聂海胜:我的太空之旅让中国自信！

华为:我的"晚舟"回家让中国自豪！

××:我的××让××怎样！

我:……

学生自由补充，赞美今天的英雄，表达愿意做一个"折腰的英雄"的决心。从而深化对主旨的理解。

课例评价

张老师在诗歌课堂搭建了思辨框架，巧借"文化小支架"，把诗歌的意象和历史文化跟作者的情感和人格巧妙融合，此案例果真让人耳目一新。

一、唱腔思辨，融音乐文化和诗歌文化于一体

此案例开篇不凡。词，都有唱调。两种唱腔你赞同哪一种？张老师这一招太绝了。首先，学生在音乐声中学习语文，兴奋而又激情高涨。其次，还把音乐文化与文学艺术审美有机融合，体悟毛泽东"乐观豪迈"的革命气概。在摇滚、美声两种唱腔中捕捉到诗歌朗诵的节奏和豪迈的语气语调。这是审美的课堂，也是文化的课堂。孩子愿意听、愿意表达内心真实的感受，这是张老师情景构建的成功之处。

二、文字思辨，融古今文化于一体

语文最终姓"语"，不能只有听歌的轰轰烈烈，还要咬文嚼字，捕捉文字背后的文化，促进对诗歌内涵的深入理解。

张老师精心挑选了"引"和"惜"，借助"一词多义"的思辨，剖析了上下两阕。构思之巧妙，让人忍不住拍手叫绝。

上阕"江山多娇"，"吸引"诸多英雄"与天公比高"；"海纳百川，有容乃大；壁立千仞，无欲则刚""天行健，君子以自强不息；地势坤，君子以厚德载物"中包含的大自然的坚韧、包容，无不引发英雄竞折腰；"与天公比高的山脉""自强不息的天体""厚德载物的大地"也在引导英雄不服输、当自强、养德行……

下阕中的"惜"理解就更多元了。下阕中诸多英雄，你"爱惜"谁？"惋惜"谁？毛泽东呢？爱惜秦皇汉武唐宗宋祖吗？学生在思辨中可见"略输文采、稍逊风骚"中"略"和"稍"，只是轻微指出他们的不足。由此可见，毛泽东肯定是

欣赏他们的武略的,只是委婉指出他们身上的不足。当然学生解读多元,有人认为是"爱惜",有人认为是"惋惜",还有更多的"中间派"。当然"文韬武略兼备更好",这无疑对学生树立正确的人生观、价值观有一个正确的指引。

三、巧搭支架,融各种英雄文化于一体

1. 大家的冰雪人生

第一次思辨,不可以排除部分没有音乐细胞的孩子,信口开河,人云亦云。张老师构思巧妙,为孩子搭建了文化框架。在跟张岱等人的冰雪人生对比中体悟到毛泽东的豁达人生,从而把握住全词的朗诵节奏。语文课堂的张力大了,容量大了,文化味道更浓了。

2. 毛泽东的折腰人生

"引无数英雄竞折腰",其实毛泽东本人也就是"折腰"的英雄。这一点需要老师去讲。张老师真是用心良苦,用毛泽东的诗词历程搭建文化框架,因为毛泽东的诗词见证了他伟大的生命。这个框架最成功,既让学生明白了毛泽东的奋斗人生,又让课堂变得厚重,彰显文化性。

3. 文韬武略的英雄人生

在品析"惜"字时,我们既要尊重孩子的解读——"珍惜"也好,"惋惜"也罢,可以说都不错,又要讲明白"时势造英雄"。成吉思汗马背上的人生也是险象迭生的,他们就是那个时代的英雄,我们不可否认。和平的今天,我们不能因为"邓稼先"没有武略而否定他制造"两弹"的文韬。和平的年代我们有哪些英雄?张老师最后一个"文化小支架"美得宛如一首诗,巧妙地深化了诗歌的主题,一步一步引导孩子愿意"折腰",做新时代的"风流人物"!

一堂课结束了,但三次思辨中彼此交融的文化却永远停留在孩子内心深处,挥之不去。有创意的课堂总让人铭记,有创意的文化课堂更让人念念不忘。

巾帼英雄，忠孝两全
——《木兰诗》课例研究

徐州市潇湘路学校　宋莉莉

她，大行孝道，决心替父从军而义无反顾；她，忠君爱国，誓死飞赴沙场而凯旋归来；她，不慕名利，放弃赫赫战功而归心似箭；她，儿女情长，脱掉战场铠甲而柔情万种；她，冰雪聪明，同行数十余年而难辨雄雌。英雄魄，儿女情，从古至今，家喻户晓，她是杰出女性的典范，她是"巾帼不让须眉"铁证！

课例背景

教材解读

《木兰诗》是选自部编语文教材七年级下册第二单元的一首北朝民歌，记叙了花木兰女扮男装、代父从军、征战沙场、凯旋回朝、建功受封、辞官回家的故事，充满传奇色彩。本诗结构分明，语言朴素，感情浓郁，适于吟诵，有利于培养学生对古诗文的语感。

本单元共五篇课文，都通过与祖国息息相关的事物来表现爱国主义主题，一样的情感，不一样的表达，都富有动人心弦的力量。《木兰诗》中除了忠君爱国以外，还包含着其他深刻的文化内涵和传统思想，诗歌将劳作不已的勤、代父从军的孝、保家卫国的忠、征战沙场的勇、弃名舍利的淡然、女扮男装的智等优秀品质集中在木兰身上。教学中，要引导学生在品读重点诗句的基础上多角度、立体化地赏析人物形象。理解木兰这个古代中国英雄的形象,学习木兰忠孝两全、爱国爱家、不慕名利的优秀品德,更好地传承经典文化。

学情分析

《木兰诗》是一首叙事诗,相对其他诗歌来说,内容理解较简单一些,但是,对于七年级的学生来说,尽管已经进行了上册古诗文的学习,但某些诗句,如"万里赴戎机,关山度若飞""朔气传金柝,寒光照铁衣"等并不易理解。因此,还有必要加强文言词语的积累。同时,作为一个鲜活生动的案例,本诗可以对学生进行爱国主义教育,尤其是针对当前普遍存在的学生责任感缺失的现象,通过木兰为家分忧、为国担责的事迹,增强他们的责任意识与担当意识。花木兰这种不慕名利、不忘初心的优秀品质,如清流一般,也能对学生起到正确的引领作用。

目标设定

（1）反复诵读,积累文言知识,理清故事情节。

（2）分析木兰形象,学习木兰身上的优秀品质,增强文化自信。

情境建构

陶行知先生说过:"好的先生不是教书,不是教学生,而是教学生学。"现代教育理论也认为,比传授现成知识更为重要的是激励学生的学习兴趣和培养学生获取知识的能力。因此,教学中最重要的是研究如何调动学生学习语文的主动性、积极性,如何教给学生学习的方法。鉴于此,决定在教学中采用如下课堂结构。

通过诵读法,深入体会诗中蕴含的思想感情,学习主人公的优秀品质。

通过合作探究法,培养学生利用各种渠道解决问题的能力。

课例描述

一、创设情境,导入新课

（1）大家先一起来欣赏一首南朝民歌《西洲曲》,用心聆听,结合内容说一说,民歌具有怎样的特点。

教师点拨:完整的故事情节;鲜明的人物形象;语言简短质朴,通俗易懂,朗朗上口。

(2)以南朝民歌导入,引出对文体的介绍,多媒体展示文体知识以及《木兰诗》相关知识点。

二、朗读全文,整体感知

(1)朗读课文,结合课下注释,理解诗歌大意。

(2)如果把诗歌分为四个部分,应该怎么分?并分别用四字短语来概括每一层的意思。

【教师点拨】

第一部分为"唧唧复唧唧……从此替爷征"——代父从军。

第二部分为"东市买骏马……壮士十年归"——奔赴前线。

第三部分为"归来见天子……不知木兰是女郎"——辞官回家。

第四部分为"雄兔脚扑朔……安能辨我是雄雌"——比喻赞美。

(3)再读课文,读出情感。

【教师点拨】

第一部分:

唧唧复唧唧,木兰当户织。……女亦无所思,女亦无所忆。

——轻声、缓慢、忧愁

昨夜见军帖,可汗大点兵,军书十二卷,卷卷有爷名。

——焦急、重读加点字、一字一顿

阿爷无大儿,木兰无长兄,愿为市鞍马,从此替爷征。

——坚定、明朗

第二部分:

东市买骏马,西市买鞍鞯,南市买辔头,北市买长鞭。

——快速、紧张

旦辞爷娘去,暮宿黄河边……但闻燕山胡骑鸣啾啾。

——低声、缓慢、缠绵、伤心

万里赴戎机,关山度若飞。朔气传金柝,寒光照铁衣。将军百战死,壮士十年归。

——坚定、悲壮

第三部分

归来见天子,天子坐明堂。策勋十二转,赏赐百千强。

——隆重、光荣、喜悦

愿驰千里足,送儿还故乡。

——深情、从容、坚定

爷娘闻女来,出郭相扶将;……小弟闻姊来,磨刀霍霍向猪羊。

——快速、喜悦、激动、热烈

开我东阁门,坐我西阁床。……当窗理云鬓,对镜帖花黄。

——幸福、喜出望外

出门看火伴,火伴皆惊忙:同行十二年,不知木兰是女郎。

——惊讶、诙谐

第四部分

雄兔脚扑朔,雌兔眼迷离;双兔傍地走,安能辨我是雄雌?

——赞美

小结:读诗要把握诗的抑扬起伏,体会其摇曳多姿的特色。注意各种情感的交叉,出征前的沉吟,买物资时的紧张,思亲时的缠绵,战场上的苍凉,辞官时的从容,还家时的欢乐,赞扬时的诙谐。

三、走近木兰,解读文化

(1) 从木兰代父从军这个故事中,你读到了一个怎样的木兰?请结合诗句,做具体阐释。

要求学生先自主学习,勾画圈点,然后小组交流,分享自己观点,最终以小组的方式向全班展示学习成果。

示例一:"唧唧复唧唧,木兰当户织中。"——勤劳懂事

"复"字可以看出木兰不停地在劳作。

示例二："昨夜见军帖，可汗大点兵，军书十二卷，卷卷有爷名。""愿为市鞍马，从此替爷征。"——忠孝两全、勇担责任、勇敢坚毅

形势危急，国难当头。木兰再无一丝机杼前愁绪万千的弱女子迹象，收起柔弱的织女身份，亮出即将征战沙场的军人气质。

示例三："万里赴戎机，关山度若飞。朔气传金柝，寒光照铁衣。将军百战死，壮士十年归。"——骁勇善战、坚强隐忍

木兰骑着战马，坚定地奔赴战场。恶劣的战地环境没有使木兰退缩，反而更加磨砺着木兰坚定的意志。

示例四："策勋十二转，赏赐百千强。""木兰不用尚书郎，愿驰千里足，送儿还故乡。"——不慕名利

木兰急切地想要回到家乡，与亲人团聚，她不贪恋名利，选择回归故里，因为那里才是她最好的归宿和心灵栖息地。

示例五："开我东阁门……对镜帖花黄。"——俏皮可爱、纯真活泼

对于木兰来说，回归女儿本色才是最初的心思，木兰还是那个木兰，一个爱美妆、爱新衣的小女儿。

示例六："出门看火伴，火伴皆惊忙：同行十二年，不知木兰是女郎。"——谨慎机智

自始至终没有被同伴发现是女儿身。

小结：诗中木兰代父从军，既表现了她孝顺父母、勤劳爱家的女儿柔情，又昭示出她坚毅勇敢、爱国尽忠的巾帼英雄气概。在家庭需要的时候，她挺身而出，代父从军；在国家需要的时候，她驰骋疆场，立下汗马功劳；凯旋后，她果断辞官，淡然出世，重返故乡。她把对国家、对亲人的责任和爱融为一体，不忘初心，让自己的人生活出了率性洒脱的新高度。爱家的孝心，卫国的忠心，出世的淡泊之心，使木兰成为人们广为流传的楷模，在千百年的文化传承中经久不衰。古有花木兰，替父从军，保家卫国立不朽功勋；今有我莘莘学子，勤奋学习，他日成国之栋梁！

课例评价

新课标核心素养中指出，文化自信是指学生认同中华文化，对中华文化的生命力有坚定信心。通过语文学习，热爱国家通用语言文字，热爱中华文化，继承和弘扬中华优秀传统文化、革命文化、社会主义先进文化，关注和参与当代文化生活，初步了解和借鉴人类文明优秀成果，具有比较开阔的文化视野和一定的文化底蕴。而文言文教学作为语文教学的重要组成部分，对传统文化的传承起着不可替代的作用，具有浓厚的传统文化底蕴，包括爱国主义精神、不屈不挠精神、勇敢坚毅精神等。宋老师拥有识别传统文化、挖掘优秀文化的慧眼，在进行文言文教学时，除了解决基本字词障碍，更带领学生理解文本中蕴含的传统文化，重视传统文化的渗透，只有这样才能把文言文中的传统文化精髓传承给学生。

《木兰诗》是中国传统文化最具代表性的篇目，木兰形象也是学生最感兴趣的。民歌中的木兰既有女人情态，她勤劳孝顺、思亲恋家、俏皮活泼，也有英雄气概，她骁勇善战、忠孝两全、勇于担责，集中华儿女优秀的精神于一身。该课在教学环节上的设计能够紧扣木兰形象这一点，以此为突破口，从木兰形象看孝文化，从木兰形象看忠君爱国文化，从木兰形象看不慕名利文化。在具体分析的过程中，能够结合具体的诗句让学生去体悟人物丰满的形象，吃透文本。这样的教学设计不仅分析了木兰形象，更进一步明确了木兰身上的优秀品质，抓住文化精髓，把它所要表达的文化思想传承给学生，让学生一提起木兰，就会感到作为中华子女的自豪，从而树立起强大的文化自信。

课堂教学上节奏明快，张弛有度。关注到了学生的"学"，教师也发挥了"导"的作用，或循循善诱，或总结归纳。诗歌重在朗读，本节课，教师注重朗读，以读促情，朗读指点到位，分析透彻，为下面的人物解读做了很好的铺垫。不过，若是能把朗读环节与人物形象分析环节融合在一起，边分析边朗读，是不是更好一些？

此外，创作民歌的目的何在？班固在《汉书·艺文志》中写道："自孝武立乐府而采歌谣,皆感于哀乐,缘事而发,亦可以观风俗,知薄厚云。"这首民歌反映了人民怎样的心声呢?反映当时社会的动乱,战争给北方百姓带来的深重灾难和沉重的心理压力;突出反映人民对和平生活的向往。反对战争,热爱和平,正是"那个时代"的人民的心声,这也是所有时代天下百姓的心声。同时,这首诗改变了封建社会对女性歧视的传统观念,让我们看到人性的真实、奋斗的艰辛、生活的美好及女子的坚强。

第三编
散文课例研究

阅读指津

　　散文是指以文字为创作、审美对象的文学艺术体裁，是文学中的一种体裁形式。在历史发展的长河中，散文担当着记录、积淀中国传统文化宏伟文史的作用，传统文化与散文的结合，使具有传统文化骨血与品格的散文区别于其他文学体裁，经、史、子、集无不与散文有关。

　　散文作为一种极为重要的文学样式，取材广泛，形式多样，诗意与理性兼具，扮演着诠释文化、润泽灵魂的重要角色，是指向文化认同的语文教学的不二之选。统编语文教材中选编了大量文质兼美的经典散文，这些散文蕴含着浓厚的传统文化、地域文化、人文文化……充满了作者对源远流长的中华文化和百花齐放的多元文化的智慧思考，为语文教师培养学生"文化传承与理解"这一核心素养提供了很好的示范文本。

　　文化传承课题组精选了10篇经典散文，这些篇目有的展示异彩纷呈的地域文化，如《白杨礼赞》中高原上挺拔向上的白杨树，《壶口瀑布》里黄河奔腾，《安塞腰鼓》中鼓声隆隆，黄土飞扬……有的因其博大精深的传统美德文化因子在引领一代又一代人的精神成长，如《土地的誓言》《白杨礼赞》《昆明的雨》展现了深沉的家国情怀，《秋天的怀念》《散步》诠释了含蓄而无私的母爱亲情，将传统美德中"孝老爱亲""知恩感恩"的重要文化要素展现得淋漓尽致……

　　本编精选的10篇课例皆以朗读为核心，带领语文教师和学生一起沉浸于文本深处，推敲感悟，获得文化体验；斟酌字句，借助任务情境式朗读，让文化内化于心，付诸在笔端。我们要用"语文"的手段感悟优秀文化，让学生感同身受，同时给语文同仁以方向，相信在这一过程中，热爱中华文化的情怀将在他们心中生根发芽，中华文化的核心思想和人文精神也将内化为他们的价值取向，并最终促进他们对中华文化的自信和认同。

徐州市大龙湖中学　戚明亮

顶天立地，正气浩然
——《白杨礼赞》课例研究

徐州市大龙湖中学　戚明亮

课例背景

教材解读

《白杨礼赞》是部编语文教材八年级上册第四单元的一篇讲读课文，这篇散文以赞美白杨树的"不平凡"为抒情线索，运用象征手法，歌颂了整个中华民族奋发向上的精神，同时严厉斥责了一些贱视民众的顽固分子，爱憎分明，感情炽烈，有着一种特殊的艺术魅力。

《白杨礼赞》歌颂了白杨树朴实的风格和内在的美质，由树及人，直抒胸臆地赞美它是"伟丈夫"，这个看似平常的拟人，实际上有着深厚的古典渊源。中国人自古以来崇尚"大丈夫"精神。《孟子·滕文公下》云："富贵不能淫，贫贱不能移，威武不能屈，此之谓大丈夫。"于是，"大丈夫"成为有志气、有节操、有作为的男子汉的代称。大丈夫有君子之风，有浩然正气，是古人心中的偶像。"大丈夫"精神早已化作了中国人心中的一团生命之火，照亮古今。"大丈夫"坚韧正直，顶天立地，危急时刻更是最可靠的支柱与担当。在茅盾的心中，赞美白杨树是"伟丈夫"，正是赞美共产党领导下的抗战军民是"伟丈夫"，因为他们在国破家亡之际，无畏牺牲，奋勇抗争，是当之无愧的中流砥柱。

学情分析

《白杨礼赞》是一篇文情兼美的好散文,对于培养学生的语感是有很大裨益的。八年级学生正处在一个身心发展、世界观和人生价值观逐步形成的一个阶段,再加上《白杨礼赞》这篇课文是在一个特定的历史背景下创作的,学生对于这段久远的历史比较陌生,他们不能够很切实地感受到今天的生活是由革命先烈用自己的生命换来的,所以向他们交代清楚本课的写作背景和激发他们的爱国热情是相当必要的。

目标设定

(1)朗读课文,理清文章脉络,把握文章昂扬向上的感情。

(2)品析文章关键词句,把握白杨树的形象之美,理解白杨树的象征意义。

(3)学习北方抗日军民顽强不屈的"大丈夫"精神。

情境建构

遵循"教师为主导,学生为主体,发展为主线"的现代教学理念,根据目标和内容,从学生的实际出发,通过灵活多样的朗读,激发他们学习的热情,调动他们学习的主动性,把他们的主体意识培养起来。教学中注重引导学生领悟、掌握已有的学习方法,鼓励运用探究式的学习方式,培养他们探究、解决问题的能力。

基于以上考虑,根据"指导学,为了学,服务学"的基本思想,准备分"创设情境,激趣导入—朗读课文,感知不平凡之树—精读品味,礼赞不平凡之树—礼赞不平凡之人—探究不平凡之魂—总结提升"六大板块,这六大板块环环相扣,循序渐进,使教学达到最佳效果。

课例描述

一、创设情境,走近不平凡之树

导入语:同学们请看黑板,树(粉笔勾勒树干),大自然中这道美丽的风景!

不同的树有着不一样的寓意。"停车坐爱枫林晚,霜叶红于二月花"它燃烧的是激情,是奔放;"无言独上西楼,月如钩。寂寞梧桐深院锁清秋",梧桐,它流淌的是惆怅;"大雪压青松,青松挺且直",它挺立的是风骨;"碧玉妆成一树高,万条垂下绿丝绦",它浮动的是风韵。那"挺立如长矛,叶叶皆团结,枝枝争上游"的白杨又是怎样的姿态呢?今天,就让我们跟随作家茅盾先生,走到黄土高原,走进白杨树的世界吧!

明确本节课学习目标:

(1) 朗读课文,理清文章脉络,把握文章昂扬向上的感情。

(2) 品析文章关键词句,把握白杨树的形象之美,理解白杨树的象征意义。

(3) 学习北方抗日军民顽强不屈的"大丈夫"精神。

二、朗读课文,感知不平凡之树

(1) 题解,请同学们说说标题的含义。

生 1:礼赞就是有礼貌地赞美白杨树。

生 2:满怀虔诚地赞美白杨树。

师:让我们满怀敬意走进课文。深情朗读课文,用笔圈画出描写白杨树外形特点的语句,用自己的话说一说,白杨是一种怎样的树?

(2) 朗读课文,感知树的不平凡。

同学们放声朗读,圈划关键词句。

学生们放声朗读课文,热情高涨,读后积极交流阅读感受。课文中描写白杨外形的词语在学生的交流中一一加以呈现:笔直的干,笔直的枝,一律向上、紧紧靠拢的丫枝,片片向上的叶子等,让白杨树的外形脱颖而出,且紧紧围绕课文第5段中心句"那是力争上游的一种树"。作者面对这样的白杨树发出了由衷的礼赞:"这就是白杨树,西北极普通的一种树,然而决不是平凡的树!"引出课文第6段,同时进入朗读的第二环节:"礼赞不平凡之树"。

此环节由解题引发学生用礼赞之情朗读课文,感知白杨树不平凡的形象特点,面对白杨树的种种特征,作者由衷地发出赞叹,引出下一环节——"礼赞白杨树"。

三、礼赞不平凡之树

首先让学生从文中找出直接礼赞白杨树的语句：

第1段：白杨树实在是不平凡的，我赞美白杨树！

第4段：那就是白杨树，西北极普通的一种树，然而实在是不平凡的一种树！

第6段：这就是白杨树，西北极普通的一种树，然而决不是平凡的树！

第8段：白杨不是平凡的树。……我赞美白杨树，就因为……

第9段：……我要高声赞美白杨树！

然后让学生仔细品读这五个句子有哪些变化，同时在朗读的重音、停顿和语气、语调上又有何不同。

此环节重在品读直接赞美白杨树的五句话，课上教师设计抓住第1段、第4段、第6段指导朗读，让学生关注三个句子之间词语的变化，咀嚼回味，感悟赞美之情的递增。由此质疑，难道作者仅仅是在赞美树？由树联想到哪些人？

四、礼赞不平凡之人、精神意志

学生朗读课文第7段，思考两个问题：① 茅盾先生由白杨树的特点联想到什么人？② 请你说说作者是如何由树及人，写出白杨树的内涵的？要求学生分组讨论，从文中找出关键词句。小组朗读，引出文中一组排比句。

小组展示朗读，关注强烈的赞美之情，在作者的笔下，白杨仅仅是树吗？"它不但象征了北方农民，尤其象征了今天我们民族解放斗争中所不可或缺的朴质、坚强、力求上进的精神"引出课文第8段。

此环节以小组学习为主要学习方式，重点品读本段4个"难道"构成的一组排比句，品悟句子愈来愈强的情感变化向学生提出问题：作者为什么不直接礼赞北方抗日军民？

五、探究不平凡之魂

思考：茅盾借赞美白杨树歌颂北方抗日军民，为什么他不直接赞美北方抗日军民呢?

学生分组研讨。

教师为了做好学生对于课文难点环节的解读,出示背景材料。

【背景链接】

本文写于1941年3月,那时,正处于抗日战争的相持阶段。茅盾在1938年年底到新疆讲学,1940年3月到延安讲学,后来离开延安到重庆。这期间,他看到了国民党反动派消极抗日、积极反共的种种事实,也欣喜地看到了广大的北方军民在共产党的领导下,同心同德、团结一致,进行了艰苦卓绝的斗争,一次次地粉碎了日寇的"扫荡",巩固和发展了敌后的抗日根据地。作者从解放区人民身上看到了中华民族的前途和希望,精神振奋、满怀激情地写下了《白杨礼赞》等散文。

由于当时作者生活在国民党统治区,没有言论自由,不能直抒胸臆,所以采用含蓄的象征手法来表达自己的思想感情,热情歌颂共产党领导下的抗日军民和中华民族英勇不屈的斗争精神。从而理解"象征"这一表现手法及表达效果。在此引出诗歌《题白杨图》:

> 北方有佳树,挺立如长矛。
>
> 叶叶皆团结,枝枝争上游。
>
> 羞与楠枋伍,甘居榆枣俦。
>
> 丹青标风骨,愿与子同仇。

解读其思想内涵和创作用意,同时理解茅盾先生创作本文的目的——对白杨、对共产党领导下的抗日军民,对抗日军民身上那种朴质、坚强和力争上进的民族精神的礼赞之情。

最后带领学生深情朗读拟写的小诗:

> 你,笔直的干
>
> 你,笔直的枝
>
> 凶猛的暴风雪,讲述着你的倔强
>
> 咆哮的西北风,折服于你的挺立

你伟岸正直

你朴质严肃

你蔑视一切虚假的伪装

站成了自己的风景

你用质朴

演绎着不朽的民族魂

我要高声赞美白杨树!

学生分角色朗读,深层次把握文中"它却是伟岸,正直,朴质,严肃,也不缺乏温和,更不用提它的坚强不屈与挺拔,它是树中的伟丈夫!"的含义,感悟课文所礼赞的"伟丈夫"精神。

六、课外阅读,文化浸润

学生课后阅读《能屈能伸才是大丈夫》这一议论文,感知文章中心论点,引导学生理解文中所阐释的"能屈"是一种容忍的观点,是进能虚怀若谷、退能忍辱负重;"能伸,是一种身正无畏。能伸才能活出生命的精彩。伸与屈共同构成了大丈夫的为人处世之道,成就美好人生"。

课例评价

戚老师的《白杨礼赞》课例紧扣课文核心问题"为什么礼赞白杨树",并设计四个环节,即感知不平凡之树—礼赞不平凡之树—礼赞不平凡之人—探究不平凡之魂,每个环节都围绕核心问题设计让学生读文本的问题。

教师在课文朗读上做足了功课。

首先,由解读题目入手,让学生明确要用"满怀虔诚地礼赞之情"朗读课文,同时在文中圈画出描写白杨树外形特点的语句,尝试用自己的话说一说:白杨是一种怎样的树?学生们放声朗读课文,热情高涨,读后积极交流阅读感受。

其次,让学生从文中找出直接礼赞白杨树的五个句子,品读这五个句子有哪些变化,同时在朗读的重音、停顿和语气、语调上又有何不同。引领学生抓住句子里的关键词"不平凡"加以品读,学生在读中体会到作者礼赞之请愈来愈强,由"是"到"实在是"到"决不是";由"赞美"到"高声赞美"这两组变化,朗读的声音越来越高亢,情感越来越充沛,教室里回荡着高亢的礼赞和热烈的掌声。

"礼赞不平凡之人"这一环节,教师抓住第7段中一组排比句,三组"难道"让学生在比较朗读中感受作者情感的变化,作者笔下写的仅仅是白杨树?由树及人,礼赞之情达到高潮,诵读热情被点燃,学生齐读第8、第9段,由衷赞美白杨树所象征的北方抗日军民,赞美白杨身上正直挺拔,顽强不屈的"大丈夫"精神,赞美朴质、坚强、力求上进的民族魂!

教学环节以朗读为起点,让学生披文入情,通过朗读感知白杨形象美,梳理结构美;通过品读语段感悟白杨品质美、精神美,文章手法美,在读中教师传递给学生一把独立解读此类文章的钥匙,为达成单元目标做努力,以期最终提升学生的语文核心素养。学生在整堂课最大的收获就是如何抓住关键词、语气、语调、重音来朗读课文,同时还收获了小组合作学习的愉悦,我们还将此延展到课内外的经典篇目之中,以读促教,以读促思,以读促悟!

繁华如瀑,生命似河
——《紫藤萝瀑布》,一幅关于生命力量的图景

徐州市第三十六中学　程　龙

课例背景

教材解读

状物散文《紫藤萝瀑布》选自部编语文教材七年级下册第五单元。宗璞女士用优美细腻的语言描述一株曾经被毁弃、现在被忽视的紫藤萝繁茂辉煌的盛开图景,表达作者对新鲜生命、美丽景象的礼赞,同时,托物言志,咏叹紫藤萝顽强的生命意志,用含蓄蕴藉的笔法,联系社会和家庭生活,却也点到即止,表达对社会人生的思考,对生命之河长存、生命之帆永济的坚定信念,文质兼美,意蕴丰厚。

《紫藤萝瀑布》是中国传统士人理想人格的生动体现和具体传承。《周易》曰:天行健,君子以自强不息。意在指出君子自强不息的刚毅品质。孔子曰:岁寒,然后知松柏之后凋也。君子品格在直面穷苦艰险的处境中彰显。"零落成泥碾作尘,只有香如故",君子品格也总是投影于自然景象……历代有志之士不断以彪炳史册的实际行动和振聋发聩的格言警句丰富着世人刚毅品质的内涵,也诠释着中国传统文化中天人合一的理念。历经苦难却依然辉煌茂盛的"紫藤萝"正象征着当代君子的刚毅品质。

学情分析

七年级下学期的学生开始进入青春叛逆期,既追求独立个性,也渴望温情鼓励,既朝气蓬勃,也好冲动易波动,需要锻炼坚强的意志和坚定的信念,以及能够在丰富的自然景物和社会生活中获取自我鼓励或安慰他人的精神力量和情感触动。学生们经过一个学期的阅读学习和写作训练,已经初步具备写景抒情散文的阅读和写作能力,掌握了景物描写的具体方法,但是锤炼语言的能力不足,无法抓住景物的核心特点,在景物描写和思想感情的抒发上做不到水到渠成,浑然天成。

目标设计与情境建构

我们以文化传承为教学指导,以"安慰的故事"作为话题引领,充分发掘文本的文化因素,适当拓展作者同类文章《好一朵木槿花》,丰富课堂文化资源,开展多样的阅读活动,营造真实的语言任务情景,引导学生知花事、赏花美、绘花痛、悟花魂、解花语,浸染坚毅乐观的人生品格,领略天人合一的文化传统,并读写结合,学习托物言志文本的写作。

课例描述

一、生活导入,激发阅读兴趣

为了让学生尽快打开思路,敢于表达,也为走进教材文本做准备,现设计了两个生活化问题,让学生选择回答。

(1)分享近期一次记忆比较深刻的被安慰经历。

(2)分享近期一次比较成功的安慰他人的经历。

明确:从真实的生活开始,慢慢走进文本;从视角的转化起步,激发学生表达与思考的热情。

二、自主先学,快速自读,整体感知,知花之事

(1)按照时间顺序,整理作者的情绪状态。(多媒体展示)

十多年前，_____；

这时(现在)，_____；

看花时，_____；

看花后，_____。

(2) 这是一则关于安慰的故事，文中的安慰者是_____，被安慰者是_____。(多媒体展示)

一句话概括本文的主要内容_____。

明确：初步感知作者的情绪变化、紫藤像瀑布一样的特点，梳理出紫藤萝花、瀑布与人三者之间的关系。

三、合作助学，对比分析，花瀑同形，赏花之美

作为"安慰者"的紫藤萝需有安慰的"资本"，这就是像瀑布一样的繁花给作者的视角冲击。精读第2~7段，请填写合适的词语"瀑布一样_____的紫藤萝"。

(1) 瀑布一样__灵动__的紫藤萝。

明确：

例句1：像一条瀑布，从空中垂下，不见其发端，也不见其终极。

从宏观的角度，把一整树的紫藤萝比作瀑布，写出了紫藤萝盛开时繁茂绵密的形态和垂空坠落的姿态。

例句2：每一朵盛开的花就像是一个小小的张满了的帆，帆下带着尖底的舱。

从微观的角度，把一朵朵盛开的花朵和待放的花苞比作水上的帆舱，写出了细小花朵的蓄势待发、饱满充盈、灵动多姿。

例句3：这一条紫藤萝瀑布不只在我眼前，也在我心上缓缓流过。流着流着，它带走了这些时一直压在我心上的关于生死的疑惑，关于疾病的痛楚。

从作者内心感受的角度，写出了紫藤萝荡涤冲刷、洁净清洁的力量。

(2) 瀑布一样__多情__的紫藤萝。

【明确】

例句1:"挑逗"一词使用拟人手法,生动形象地写出了阳光照耀下花朵的俏皮活泼,也写出作者的情不自禁的喜爱之情。

例句2:"推着挤着"之间加逗号"推着,挤着"是否可以?读起来没有急促的感觉,写不出紫藤萝花簇拥紧密的繁忙景象与热闹活泼的情态。

例句3:"'我在开花!'它们在笑。'我在开花!'它们嚷嚷。"拟人与反复,生动形象地写出了紫藤恣意绽放的骄傲、热闹,极具情态。

(3)瀑布一样___梦幻___的紫藤萝。

明确:将"繁花与瀑布"进行类比,引导学生赏析文本语言,提高了学生的语言感受能力;选择合适的语言表达对紫藤萝的感受,建构了语言,同时也锻炼了学生的语言表达能力,让学生在朗读中进一步感受紫藤萝的美。

四、质疑问学,想象创作,丹青妙笔,绘花之痛

本阶段结束"繁花与瀑布"的类比,进入"繁花亦枯藤"的对比,通过独特的活动设计,引导学生感悟紫藤萝的生命力。

活动设计:安慰者如果高高在上,不会走进被安慰者的内心。为了更好地理解紫藤萝的生命力量,必须感受紫藤萝曾经被戕害、被遗弃的沉痛。教师设计了两个活动,大致需要10分钟。

(1)字斟句酌,忆悲惨往事。精读第8段,从文本的语言中读出紫藤曾经的悲惨遭遇。

(2)丹青妙笔,画枯木惨状,画出"我眼中的枯藤",讲解创作思路和主要意象。

明确:"挂""试探"等词读出枯藤形象。从构思、线条、色彩与背景等角度欣赏绘画,并与文本语言对比阅读。

五、拓展导学,类文阅读,人花同道,悟花之魂

本环节走进"繁花即人生"的象征,通过类文阅读,理解紫藤萝的精神力量,大致需要10分钟,设计活动如下:

(1) 作品背景简述。

(2) 快速阅读宗璞的《好一朵木槿花》(节选),模仿"紫藤萝＋瀑布",给木槿花加一个修饰词语,表现木槿花的特点。

木槿花_____。(多媒体展示)

明确:通过课外阅读的链接,丰富阅读材料,同时"木槿花战士""木槿花飞天"等言语创造性地运用,深化对文本的理解。

六、检测促学,读写结合,联系生活,解花之语

(1) 推荐课后阅读文章:刘禹锡《浪淘沙》,陆游《卜算子·咏梅》,梁衡《沙枣》,刘成章《扛椽树》《三角梅》。(多媒体展示)

(2) 请同学们积极观察生活与自然,寻找慰藉人心的精神力量,以"那一刻,我不再____"为题,补充词语,使题目完整,写一篇文章,表达成长的感悟。

课例评价

《紫藤萝瀑布》课例精准又丰富。精准确定了本文的文化元素:君子的刚毅品质与天人合一的精神传统。宗璞讲述紫藤萝的波澜命运,描绘紫藤萝的花开图景,并融入瀑布、河流等自然元素,阐述了生命长在、美好的思想,表达了积极乐观的人生态度。本文的思想认识与自然景象的确契合中国的君子文化传统。

教学的话题选择独具匠心。导入环节,选择与教材文本相关的生活化问题,易于激发思考。两个问题的角度不同,相互补充,给予学生更大的发挥空间。预估第一个问题学生不太愿意说,第二个问题能彰显个性能力,学生会比较乐意分享。选择两个学生自由分享,引导学生关注安慰的精神力量源泉。层次清晰,步步深入。从"繁花与瀑布"的类比,"繁花亦枯藤"的对比,到"繁花即人生"的象征,三个阶段的阅读,学生逐步理解了紫藤萝的精神:生命之河长存,生命之帆永济,生命之花正美的乐观心态和坚定信念。

尤其是"繁花与瀑布"的类比环节,教学设计上活动丰富,有利于提升学生

的素养。"多读书、读好书",以读为主,课内精读、课内类文阅读、课外推荐阅读,通过大量的阅读提升学生阅读能力;同时,开展多样的阅读活动和导入环节的说话活动,让学生走进文本;通过读写结合、课堂小练笔和课后小作文等,提升学生的语言建构与运用素养;通过"枯藤"绘画的制作、分享等图文对比活动,拓展学生的多媒介阅读素质。

壶口春秋，黄河精神

——《壶口瀑布》课例研究

徐州市潇湘路学校　王　芳

课例背景

教材解读

　　《壶口瀑布》是部编语文教材八年级下册第五单元的一篇教读课文，是现代散文家、新闻理论家梁衡所作的一篇游记散文。这篇文章篇幅不长，作者通过抓住黄河的特征，从不同季节、不同角度细腻描摹出瀑布的特点，生动地描写了黄河的奔腾之势、雄壮之姿。通过壶口瀑布的千姿百态透视黄河不屈不挠、勇往直前的内在品格，再由黄河的性格联想到中华民族自强不息、砥砺前行的精神。由此在教育教学时，要把握本文游记特点，从写景角度、表达感情和写法等方面对本文进行学习探究，以此层层深入推进学生对黄河精神、中华民族精神的理解与感悟。

学情分析

　　游记有三个要素，也就是所至、所见和所感。所至为游记之骨，所见为其肉，所感为其魂。八年级学生有了一定的阅读散文的基础知识和方法，游记学习虽曾有过涉及，但知识并不系统。本单元集中学习游记散文，作为散文大家梁衡的经典文章，它的结构安排、语言表达、主题表达都十分经典与精美，应该在教师充分引导的前提下,发挥学生的主动性,让学生自己去阅读品味,注重朗读训练和语用训练,以巧妙的方式突破教学的重难点。

目标设定

学习本课,要了解游记的特点,把握作者的游踪、写景的角度和方法,并揣摩和品味语言,欣赏、积累精彩语句,因此本课目标设定为以下三点:

(1) 体会本文采用定点换景、视角转换的角度表现游踪的特点。

(2) 通过朗读,品味文章语言特色,领会运用多种手法描写瀑布的妙处。

(3) 领会黄河的伟大性格,感受无坚不摧、无往不胜、坚忍顽强、勇往直前的民族精神。

情境建构

全文语言优美,意境雄浑,感情真挚,极具渲染力。文章景、情、理交融,既表现了对黄河磅礴气势的欣赏与赞叹,又抒发出对中华民族不屈不挠、坚韧不拔精神的赞美之情。因此如何提高学生对散文的解读赏析能力,提升思维品质,并能促使其受到优秀作品的熏陶、感染,从而全面提升学生的语文素养尤为重要。

本堂课在设计时通过多种形式朗读品悟,聚焦全篇的比喻句,将游记特色、课文内容和精神主旨一线串珠。层层递进,引领学生总体感知壶口瀑布特色,具体发现壶口瀑布的独特,立体品悟壶口瀑布精神,联系实际争做"黄河子孙",从而促进学生理解中华民族历经磨难而不屈生存的精神,进而激发民族自豪感、使命感。

课例描述

一、诗词入境,导入新课

提起黄河,大家再熟悉不过了。假设当你真的面对黄河时,会如何书写它呢?

其实,自古至今很多文人墨客吟咏过黄河:李白在《将进酒》中吟唱"君不见黄河之水天上来,奔流到海不复回";刘禹锡《浪淘沙》中也说"九曲黄河万里沙,浪淘风簸自天涯";王之涣《凉州词》:"黄河远上白云间,一片孤城万仞山";王维《使至塞上》:"大漠孤烟直,长河落日圆";等等。

而今天,我们跟随当代作家兼记者的梁衡先生一起走近黄河,走近位于黄河河谷里著名的壶口瀑布,去看看这世界上最大的黄色瀑布会给梁衡先生、会给我们带来怎样的感触呢?

二、整体感知,积累美词

自由朗读课文边读边用波浪线画出你认为典雅的词语,可以是叠词,也可以是四字词语。

明确:隐隐如雷,水浸沟岸,雾罩乱石,浪沫横溢;排排涌来,堆堆白雪,汩汩如泉,潺潺成溪,哀哀打旋。

看到不同的瀑布景象,作者都有什么感受呢?

明确:震耳欲聋、急慌慌、从从容容、寒噤、陷入沉思。

最后一段出现的这些词写的是什么?

博大宽厚,柔中有刚;挟而不服,压而不弯;不平则呼,遇强则抗;死地必生,勇往直前。

三、鉴赏美句,品析写法

让学生以小组合作的方式从不同角度去对比朗读,品析"河水从五百米宽的河道上排排涌来,其势如千军万马,互相挤着、撞着,推推搡搡,前呼后拥,撞向石壁,排排黄浪霎时碎成堆堆白雪"这句话,然后小组代表分享心得感悟。

1. 一比:叠词的好处

原句:河水从五百米宽的河道上排排涌来,其势如千军万马,互相挤着、撞着,推推搡搡,前呼后拥,撞向石壁,排排黄浪霎时碎成堆堆白雪。

修改句:河水从五百米宽的河道上涌来,其势如千军万马,互相挤着、撞着,前呼后拥,撞向石壁,黄浪霎时碎成白雪。

2. 二比:动词的好处

原句:河水从五百米宽的河道上排排涌来,其势如千军万马,互相挤着、撞着,推推搡搡,前呼后拥,撞向石壁,排排黄浪霎时碎成堆堆白雪。

修改句:河水从五百米宽的河道上来,其势如千军万马,排排黄浪霎时成了堆堆白雪。

3. 三比:长短句配合使用的好处

河水从五百米宽的河道上排排涌来,其势如千军万马,互相挤着、撞着,推推搡搡,前呼后拥,撞向石壁,排排黄浪霎时碎成堆堆白雪。

明确:水态势不是整整齐齐的;短句急促有力、简洁明快、节奏感强;长句语气舒缓,抓关键词,感情更加饱满;长短结合,语气起伏变化有参差交错之美。

4. 四比:修辞的好处

(1) 河水从五百米宽的河道上排排涌来,其势如千军万马。

(2) 排排黄浪霎时碎成堆堆白雪。

(3) 只见那平坦如席的大水像是被一个无形的大洞吸着。

(4) 浑厚庄重如一卷飞毯从空抖落。不,简直如一卷钢板出轧,的确有那种凝重,那种猛烈。

(5) 还有那顺壁挂下的,亮晶晶的如丝如缕……

(6) 而这一切都隐在湿漉漉的水雾中,罩在七色彩虹中,像一曲交响乐,一幅写意画。

明确:水的特点是水势浩大、水流湍急、平坦、浑厚庄重、凝重猛烈、纤细柔美、声音之美、颜色姿态之美。

课文里还有哪些表达作者观点的议论性句子,找出来后进行分角色朗读。

多媒体展示:

我突然陷入沉思,眼前这个小小的壶口,怎么一下子集纳了海、河、瀑、泉、雾所有水的形态,兼容了喜、怒、哀、怨、愁,人的各种感情。造物者难道是要在这壶口中浓缩一个世界吗?

人常以柔情比水,但至柔至和的水一旦被压迫竟会这样怒不可遏。原来这柔和之中只有宽厚绝无软弱,当她忍耐到一定程度时就会以力相较,奋力抗争。

黄河博大宽厚，柔中有刚；挟而不服，压而不弯；不平则呼，遇强则抗；死地必生，勇往直前。正像一个人，经了许多磨难便有了自己的个性；黄河被两岸的山、地下的石逼得忽上忽下、忽左忽右时，也就铸成了自己伟大的性格。这伟大只在冲过壶口的一刹那才闪现出来被我们看见。

你觉得黄河具备"一个人"的哪些品性？用你自己的话来表达。回过头来我们看看原来从本课的"比喻句"里也能见"洞天"，由"壶口瀑布"的形看到了壶口瀑布的神。当然为了达到这个目的，本课仅仅用了比喻这一个修辞吗？我们再次回归文本，找寻手法使用的妙处。

明确："壶口瀑布不是从高处落下，让人们仰观垂空的水幕，而是由平地向更低的沟里跌去，人们只能俯视被急急吸去的水流。"这句采用的是拟人的修辞手法。用一个"跌"字既写出壶口瀑布的地形，也赋予了壶口瀑布具有人的特质，与下文呼应。大家也可以看到全文用"跌"的句子不止这一句。"它们还来不及想一下，便一齐跌了进去"，"先跌在石上，翻个身再跌下去，三跌，四跌，一川大水硬是这样被跌得粉碎，碎成点，碎成雾"。读这样的句子你不仅感受到瀑布的流势，你甚至感觉到水"跌"下去你自己的疼痛，感受到黄河的艰难和不畏艰难。拟人句的还有"于是又有一些各自夺路而走的，乘隙而进的，折返迂回的……哀哀打旋"。这个拟人句写出了黄河水的另一面，黄河不仅有光辉壮观的一面，也有痛苦挣扎的另一面。真的跟我们人是一样的。最后作者写到水的时候，直接用了"她"，而不是"它"。

四、诵读篇章，感悟美情

黄河绵延约 5 464 千米（多媒体同步出示相应的画面），在青海，它是美妙的一缕；在宁夏，它是平静的一湾；在郑州，它是浩荡的波涛；在山东，它是平稳的漫流。而在这壶口，作者说他看到了黄河性格的另一面，那壶口瀑布丰富的内涵，作者读懂了吗？你从哪一句知道的？（背景音乐《黄河大合唱》）

明确：它的威力在我胸中鼓动，它的雄风在我血管中呼啸，它的精神在我眼睛里闪动。"威力""雄风"是指不屈不挠、无所畏惧的民族精神。（配乐朗读，读出气势与厚重内涵。）

这种精神只有黄河才有吗？黄河在这里象征了什么？

明确：黄河—阻碍—刚柔并济；

个人—挫折—勇往直前；

中华民族—磨难—坚韧不拔。

其实，很多人对黄河怀有深深的感情。师生交流讨论，感受作品文字背后的黄河及中华民族的精神之美。

五、以美陶情，向往崇高

师生齐诵读，情感在激昂的诵读中升华，结束本课的学习。

啊！黄河！

你一泻万丈，浩浩荡荡，

你前呼后拥，畅快驰骋，

你博大宽厚，柔中有刚，

你不平则呼，遇强则抗，

你死地必生，勇往直前。

我们祖国的英雄儿女，

将要学习你的榜样，

像你一样的伟大坚强！

像你一样的伟大坚强！

小结：古往今来诸多文人伫立壶口，提笔写下无数诗篇，以壶口明志，以壶口寄情，以壶口重建家国信心。壶口，以中国为名，带着一方山石与一方水流的故事，向世界讲述黄河赋予华夏民族崛起与发展的无穷力量。大河在此，以壮歌礼赞生命，辉映历史，总能听见苍穹回响！

课例评价

河流是缔造文明的血脉，黄河滋养孕育了中华文明，而眼前这壶口则是中华民族精神的象征。作者由自然联想到人本身，巧妙地把水的多样形态和人的多种情感联系起来，文章的意蕴霎时丰富起来。水的多种形态，就是人生百态的象征。《壶口瀑布》写的不仅仅是水，还在写一种哲理，一种人生姿态。作者对黄河个性的解读：黄河宽厚，但绝无软弱，你看它面对巨石的挤压，毫不屈服，天长日久把巨石凿得窟窟窈窈，甚至是改变地貌，将壶口的位置不断提向上游。未经磨难不成才，黄河的个性是在巨石的逼迫、抵拒下铸造的，作为我们的母亲河，这种伟大品质也上升为民族精神的象征。

在梁衡先生的引领下，我们被黄河壶口瀑布雄浑壮阔、百折不挠、勇往直前的气魄所震撼。在叹服于作者充满大气、灵气的笔触的同时，也陷入了一种庄严的思考：关于历史、关于人生、关于我们这个历经磨难而不屈生存的民族。我们也坚信：以这种百折不挠精神屹立的中华民族，也必然继往开来、勇往直前，实现中国梦，实现中华民族的复兴与繁荣。

因此，本堂课为培养学生的综合素养，在导入环节设计诗歌交流，在精读课文环节通过一比叠词的好处、二比动词的好处、三比长短句配合使用的好处、四比修辞的好处，从不同角度、不同形式朗读文本，体会壶口瀑布的姿态万千，感悟黄河精神。其中重点品析了比喻、拟人的修辞，在与学生研讨中思维碰撞，挖掘黄河精神、中华民族的精神，同时教师注重课外资料的引入，加深学生的情感认同，很好地丰富了课内外知识的链接。教师引领学生自由赏析语句、多种形式朗读，加深了学生对黄河所象征的中华民族柔中有刚、百折不挠、勇往直前精神的探究，给予学生极大的精神熏陶与感染，同时再适时地进行影音视频的渲染，借助多媒体更好地体境悟情，结合教师的小结归纳与最后的诗歌诵读又一次将这种优秀的精神文化潜移默化地渗透在每个学生的心中，逐步影响着他们品格的形成，使文化传承成为一种自觉。

礼俗文化,情感传承
——《阿长与〈山海经〉》课例研究

徐州市潘塘中学　陈　涛

课例描述

教材解读

《阿长与〈山海经〉》选自部编语文教材七年级下册第三单元,该单元以爱为主题,课文仍以叙事作品为主。五篇课文写的都是普通人,都是诉说对普通人,尤其是对弱者的关爱。鲁迅以一个孩子的视角回忆了他儿时的保姆——长妈妈,表现了对她深厚真挚的怀念,同时也寄予了对中国没有文化又愚昧善良的劳动妇女的同情。这篇散文语言朴实,含而不露,幽默的调侃下蕴含着对阿长善良淳朴品格的赞美。

阿长的"礼节"多而杂,有民间习俗、禁忌,也有传统美德。"礼节"成为阿长的主要特征,阿长成为民间文化仪式的认同者、执行者,而且是其忠实的传承者。尤其从文中详细记述的元旦吃福橘来祈求平安幸福的风俗的重视程度,她的"郑重""惶急""十分欢喜似的笑将起来"的情绪无不体现出这种文化对人们生活的强大干涉力。礼仪礼俗禁忌文化是处理人与人、人与自然关系的纽带和准则,它不但构筑了阿长的全部精神内核,而且涵盖于每一个中国人生活的方方面面,并成为他们日常的处事准则。

阿长成为一个日常生活中普通的人物符号。总之,在前半部分,大至文化的制约,小至生活细节的管束,"不许我走动,拔一株草,翻一块石头,就说我顽皮,要告诉我的母亲去了",以阿长的礼俗文化为中心建构了一个处处受限制的世界。

以《山海经》为中心的自由世界是与以礼俗为中心的受限世界相对立而出现的。《山海经》中"画着人面的兽,九头的蛇,三脚的鸟,生着翅膀的人,没有头而以两乳当作眼睛的怪物",书中洋溢着自由的飞腾的无拘无束的浪漫主义精神,风格质朴自然而几乎未附着任何文化痕迹。这并不符合以"礼"为中心的中国文化传统。从被正统人上士为荒诞不经的"志怪"书、"奇书"到"我"找寻此书时"谁也不肯真实地回答我"。在文化传统中,《山海经》成了人们回避、排斥的对象。"我"对它"渴慕"并且念念不忘,恰恰说明一个民族童年时代的产物《山海经》和个体童年时代的自由精神的契合,也暗示了鲁迅对自由精神与生俱来的执着追求。

学情分析

学生对鲁迅的文章并不陌生,选自《朝花夕拾》的《从百草园到三味书屋》一文在七年级上学期学过,对鲁迅先生的文章较为喜欢。但是,七年级的学生对于文章主旨的把握还需要教师的引导与点拨,尤其是现阶段的学生正处于青春期,礼俗文化意识较为淡泊,这并不符合以"礼"为中心的中国文化传统。本文中所涉及的礼仪礼俗禁忌文化不但构筑了阿长的全部精神内核,而且涵盖于每一个中国人生活的方方面面,学生可以通过对人物形象的分析,体悟其中蕴含的中国传统文化。

目标设定

(1)感知文意,概括主要内容。

(2)品味语言,分析人物形象。

(3)体会作者的思想感情。

重难点:通过事件分析人物形象。

情景建构

在语文教学中弘扬传统文化,最主要的目的是将语文的人文性与工具性更好地结合起来,增加语言文字训练中的思想和审美价值,让学生更有效率、更全面地提升语文综合素养。基于这种需要,《阿长与〈山海经〉》中值得"取",即值得积极拓展、大量发挥的传说或民俗有"人死了,不该说死掉,必须说'老掉了'""死了人,生了孩子的屋子里不应该走进去"等,以及送"福橘"。原因同样有三:一是这些典故、习俗浅显易懂,体现了中华民族文化中"万物有灵""物我和谐""趋吉避凶"等思想,可以让学生对传统文化产生生动而真切的认识;二是这些内容容易与语文教学建立联系,教师分析其中的拟人、想象、谐音、象征等手法,有助于学生对文本的阅读;三是这些内容有较高的审美性,能陶冶学生的情操,同时使其获得轻松愉快的学习体验。

课例描述

一、导入新课

通过《山海经》中的神兽帝江,引出课题。

二、文学常识

复习回顾作家作品及其出处、文体,文学常识填空。

三、积累字词

四、整体感知

快速默读课文,勾画关键词。找出文章写了阿长的哪些事,并找出表现"我"对阿长感情变化的词语。

五、品味分析

(1)讨论交流:结合具体内容,读一读、品一品、说一说,阿长是一个怎样的人?

(2) 学生朗读第19~26自然段,思考:阿长买来《山海经》,"我"有什么反应。为什么说"她确有伟大的神力"?

(3) 教师朗读:"仁厚黑暗的地母呵,愿在你怀里永安她的魂灵!"这句话表达了作者对阿长的什么感情。

六、课堂小结

本文通过记叙"我"儿时与长妈妈相处的几件事,刻画了一位……的保姆形象,表达了作者对长妈妈的……之情。(主要内容+阿长形象+作者感情)

七、课堂作业

(1) 想象阿长买《山海经》的情景,为原文补充一个片段描写。

(2) 讲讲你身边的"阿长"。

八、板书设计(图1)

```
        感激、怀念、崇敬
    憎              敬
       阿长与
       《山海经》
     先抑      后扬
```

图1 板书设计

课例评价

《阿长与〈山海经〉》一文通过两个对立世界的并置以及对这两个对立世界中的代表的人和物的价值判断来怀念自己早期的精神资源。以鲁迅的文化取向和精神选择来决定行文材料的取舍和情感的变化,既展示了童年时的鲁迅形象,又和鲁迅一以贯之的是永远的追求自由的精神一脉相承。

在阅读教学中赏析人物形象,不能脱离人物自身的时代背景、文化背景,教师教学时，不能将人物讲得扁平、单调，单纯地以"褒贬"概括人物形象。将人物简单地分为"正""反"两种类型，会破坏作品的文化内涵，影响学生的自主思考。教师在教学中，应该"舍"直观、结论性和主观性强的观点，"取"有根据、经概括与思考作出的判断。如赏析阿长，不能单纯地讲其"朴实真挚"，也不能单纯地说其"富有母性"，这些都是作者直接表现出来的，直接讲授既无思维的引导，又无审美的提升，展现出的传统美德单调、模式化，学生没有深入走进文本，相当于没有讲。有些教师根据本文写法"先抑后扬"来总结阿长身上的传统美德，说她"庸俗但又真挚""渺小但又博爱""粗犷但又温情"，试问这是基于人物真实形象总结出来的吗？我们评论一个人的美德时总要以他的缺点为前缀吗？以上种种"解读"都应在阅读课文的阶段，以"概括主要内容"的形式完成。到了人物形象赏析阶段，必须作深度、立体、有思考的概括，这样才能避免让传统美德沦为单纯的"标签"。

仍以阿长为例，她身上应该"取"的内容有：要求作者新年说好话，为作者送"福橘"，体现出其热爱生活、追求幸福而又容易收获快乐的淳朴美德；因为作者偶然提起的一个心愿，不知历经多少辛苦，买来"三哼经"，展现出中华民族有心意、善关怀、体贴温情的真挚美德；为作者一家不辞辛劳，工作多年，尽管彼此言行举止、修养见识迥异，却仍能亲如一家、和谐相处，展现出中华民族亲和、包容等美德。

诗性语言，诗性礼赞
——《安塞腰鼓》课例研究

徐州市潇湘路学校　程　梦

空旷、辽阔的黄土高原上，一群茂腾腾的后生忘情地、狠命地捶打，那粗犷豪放、刚劲雄浑的安塞腰鼓，爆发出生命最高亢的回响，震撼着困倦的世界……

课例背景

教材解读

《安塞腰鼓》选自部编语文教材八年级下册第一单元，本单元以民风民俗为主题，所选文章或表现各地风土人情，或展示传统节日习俗，文笔生动，妙趣横生。

《安塞腰鼓》是新时期的经典课文，20世纪80年代，刘成章面对祖国在改革开放中展现出的蒸蒸日上的情况，抑制不住内心的激动，他感悟到"安塞腰鼓"不仅是陕北这块古老的黄土地的地域文化，而且已成为中华民族坚毅不屈、意气风发、蓬勃向上、积极进取的精神象征，于是充满激情地创作出了《安塞腰鼓》一文。

铿锵的短句，多样的修辞，疾猛的节奏，刘成章用诗性的语言写陕北高原，写高原腰鼓，写打腰鼓的后生，展示高原的民风民俗，以及高原人奔放雄健的精神气质。这是一首生命和力量的赞歌，腰鼓自身就是人类生命力量的凝聚，能最充分、最彻底地表现生命的阳刚之美。作者倾注了全部的热情与笔力进行歌颂，既有对陕北高原土地和土地上生命的赞美，又有对我们这个从沉睡中觉醒、迈着雄健的步伐，不断走向繁荣的伟大祖国的诗性礼赞!

学情分析

八年级的学生有一定的自主阅读和感悟能力，但有些感悟层次较浅，这就需要教师进一步引导点拨，尤其是与学生实际生活关系并不是非常紧密的文章。《安塞腰鼓》描写的是陕北地区特有的一种民间艺术表现形式，这种民俗活动对于江苏省的学生来讲还是较为陌生的，因此在教学中，借助多媒体创设形象情境是非常重要的。此外，对于安塞腰鼓所体现的生命力量，学生理解起来可能有一定的难度，这就需要教师做好文章背景的链接和感悟提示。

《安塞腰鼓》是一篇非常适合朗读的文章，大声朗读有助于学生感受安塞腰鼓带来的强烈的生命律动。但有些学生缺少大声朗读的勇气与能力。本节课也旨在将朗读贯穿全课程，一方面，训练学生的朗读能力；另一方面，以读悟情，从而了解本文主旨。

目标设定

（1）感知安塞腰鼓的特点，理清文章结构，把握文章基调。

（2）通过有感情地朗读，独立思考，讨论交流，理解文章的语言特点。

（3）理解安塞腰鼓中蕴含的民俗文化的意义和价值，深入体会作者所歌颂的生命力量。

情境建构

教学情境的创设对于提高课堂教学效果特别重要，就其广义来说，它是指作用于学习主体，产生一定的情感反应的客观环境。从狭义来认识，则是指在课堂教学环境中，作用于学生而引起积极学习的情感反应的教学过程。教学情境创设的具体做法如下。

（1）朗读展示法：教师范读，学生自由朗读，学生个别读，教师学生分角色朗读等。围绕"读"来进行课堂教学，通过"读"来体会安塞腰鼓激昂的气势，雄壮的场面，感受课文表现出来的美。

（2）多媒体展示法：借助多媒体，展示安塞腰鼓的表演视频，让学生对安塞腰鼓有一个直观形象的了解。

（3）合作探究法：理解"安塞腰鼓"这一民俗文化的内涵与价值，对于学生来讲稍有难度，学生通过合作交流，集思广益，拓宽思路。

课例描述

一、导入新课

（1）观看一段安塞腰鼓的表演视频。

（2）补充安塞腰鼓的相关知识如下。

安塞腰鼓是陕西省的传统民俗舞蹈。表演可由几人或上千人一同进行，其磅礴气势，精湛的表现力令人陶醉，因此被称为"天下第一鼓"。安塞腰鼓由来已久，在国际上极负盛名。据当地群众口口相传，早在秦汉时期，腰鼓就被驻防将士用于报警传讯，助威庆贺等，后来逐渐演变为传统民间的娱乐活动，至今已有两千多年的历史。1996年，延安市安塞区被文化部命名为中国腰鼓之乡。2006年5月20日，安塞腰鼓经国务院批准列入第一批国家级非物质文化遗产名录。

二、朗读课文，整体感知

（1）教师范读，学生听读，感受文章的感情基调。

铿锵激越的朗读能深深感染学生，许多无法用语言表达的感情可通过读来悟出。

（2）学生自由朗读课文，并用"_____的安塞腰鼓"的句式对安塞腰鼓进行评价。可填词、短语、句子，最好用文中的内容。

预设："壮阔""豪放""火烈""有力""元气淋漓""惊心动魄""奇伟磅礴""容不得束缚，容不得羁绊，容不得闭塞""叹为观止""痛快了山河、蓬勃了想象力"等。

（3）请同学们思考：安塞腰鼓表演场面的描写，随着时间的变化，可分为哪三个阶段？

第1～4段：表演前。

第5～27段：表演中。

第28～30段：表演后。

（4）课文中，作者多次运用相同的句子来反复赞美安塞腰鼓，同学们找一找，是哪一句？

学生会很快找出："好一个安塞腰鼓！"

（5）作者赞美安塞腰鼓哪几个方面的"好"呢？（场面、声响、击鼓的后生、舞姿）

明确：这些句子反复出现，除了抒情的需要以外，还点出了课文的层次，使得课文结构清晰，这是文章内容与结构上的核心句。

三、美读文章，品味语言

1. 分组朗读——寻美点

布置分组朗读，分组进行寻找美点比赛。作者从不同侧面、不同角度展示安塞腰鼓的美，试用"_____美，你看（听）……"的句式来分享你发现的美。

预设：

壮观的舞蹈场面美，你看，"百十个斜背响鼓的后生，如百十块被强震不断击起的石头，狂舞在你的面前。骤雨一样，是急促的鼓点；旋风一样，是飞扬的流苏；乱蛙一样，是蹦跳的脚步；火花一样，是闪射的瞳仁；斗虎一样，是强健的风姿"。

激越的鼓声美，你听，"百十个腰鼓发出的沉重响声，碰撞在遗落了一切冗杂的观众的心上，观众的心也蓦然变成牛皮鼓面了，也是隆隆，隆隆，隆隆"。

击鼓的后生美，你看，"后生们的胳膊、腿、全身，有力地搏击着，疾速地搏击着，大起大落地搏击着"。

变幻的舞姿美，你看，"每一个舞姿都充满了力量。每一个舞姿都呼呼作响。每一个舞姿都是光和影的匆匆变幻"。

2. 含英咀华——赏美点

本文好词佳句俯拾皆是,既适合声情并茂地朗读,又适合有滋有味地赏析。选择你喜欢的句段,有感情地朗读,用"我喜欢_____,因为_____"这一句式进行评点。

赏析角度提示:修辞、句式、用词、文章结构等。

预设:

(1) 从用词方面说。

"茂腾腾的后生""咝溜溜的南风"中的"茂腾腾""咝溜溜"用得好,好在叠词的运用使语言亲切富有韵味,具有陕北特色。

"这腰鼓,使冰冷的空气立即变得燥热了,使恬静的阳光立即变得飞溅了,使困倦的世界立即变得亢奋了"中反义词用得好,好在它们对比强烈,更能突出安塞腰鼓的特点。

(2) 从句式上说。

"交织!旋转!凝聚!奔突!辐射!翻飞!升华!"这些短句用得好,好在它们使文章语句铿锵,气势强劲,突出了安塞腰鼓的豪放美。

(3) 从修辞上说。

文章中排比用得好,句中排比、句与句的排比、段与段的排比,形式多样,增强了语势,更突出了安塞腰鼓恢宏磅礴的气势。

四、美读训练,明确主题

(1) 师生共同朗读。第1~4段和第28~30段由女生朗读。第5~27段中的主体部分由老师朗读。其中,抒发赞美之情,音调最高亢的第13、17、22、24段,由男生朗读。

过渡语:读罢文章,我们能感受到安塞腰鼓不捶则已,一捶惊人!有人这样形容道:"安塞腰鼓表演起来有股能劲,挥槌有股狠劲,踢腿有股蛮劲,跳跃有股虎劲,转身有股猛劲,全身使出一股牛劲,看了叫人带劲,听了给人鼓劲,实实在在足劲!"

（2）同学们讨论一下，生长在古老贫瘠的黄土高原上，消化着红豆角角老南瓜的陕北农民，他所爆发出的那股劲，那股力量源于何处呢？本文通过"安塞腰鼓"所要表现的主题是什么？

学生各抒己见，积极讨论，归纳文章主题。

【多媒体展示】

背景链接：散文作家刘成章生于黄土地，长于黄土地，熟悉这里的一山一水、一草一木。当他远离家乡来到省城后，脑际里回闪着"安塞腰鼓"那踏破岁月、气吞山河的壮丽景象，耳畔里仍回旋的是高原上那在沉默中爆发的鼓点。而面对20世纪80年代中国日新月异的景象，他为之怦然心动，为之欢欣鼓舞。此情此景，转化成刘成章日日感悟的又在"那一瞬间呈现理智和情感的复合物的东西"（美国意象派诗人庞德语），即"安塞腰鼓"。他用"安塞腰鼓"这种特定的意象来传达他对生活、对时代的审美感受，传达他对生命的诗意的理解。

明确：歌颂激荡的生命和磅礴的力量，洋溢着一种阳刚之美，表现要冲破束缚、阻碍的强烈渴望。

总结："安塞腰鼓"不仅舞出了陕北人的斗志，也舞出了中国人的精神，舞出了人们对于未来生活的憧憬与向往。它充满激情与力量，它是生命的舞蹈与狂欢。"安塞腰鼓"所释放出的能量，不仅仅是陕北这块古老的黄土地的地域文化，更重要的是它已经成为中华民族坚毅不屈、意气风发、蓬勃向上、积极进取的精神特征。

课例评价

新课标要求教师在课程实施时要立足核心素养，突出文以载道、以文化人。民俗是民间流行的习俗、风尚，是由民众创造而世代传承的民间文化，它是博大精深的中华传统文化的重要组成部分。遥远的先民遗风，时下的世态人情，尽在其中。它们就像一粒粒明珠散落在文化的原野上，闪耀着璀璨夺目的光芒。

一、将文化渗透在课堂教学中

《安塞腰鼓》一文中蕴含着丰富的优秀传统文化。在课程导入部分，教师带领学生了解了"安塞腰鼓"是源于北方黄土高原的一种民间艺术，以及"安塞腰鼓"源远流长的历史文化。此后在文章具体内容的分析中，带领学生感悟作者诗性的语言文化，从而明白作者不仅是在赞美"安塞腰鼓"，也是在赞美黄土地上的阳刚之美，赞美生命中奔腾的力量。"安塞腰鼓"不但代表了陕北这一特定地域的文化风貌，更折射出了中国人民骨子里对生活的热爱和那股坚贞不屈、勇于进取的精神品质。

二、采用多种形式朗读，以读悟情

这堂课中多处运用朗读展示法，而且种类多样：教师范读，学生自由朗读，学生个别读，教师学生分角色朗读等，可以说是围绕"读"来进行课堂教学，通过"读"来体会安塞腰鼓激昂的气势、雄壮的场面，感受课文表现出来的力量美。课堂一开始，学生可能会放不开，而且对文章中抒发的情感把握不准，这时采用教师范读的方式更能有效集中学生听读的注意力，激发学生大声朗读的勇气。学生若想朗读到位，就必须思考作者在写作时融入的情感，以及作者通过语言文字想要表达的主题思想，这就更有利于课堂教学的顺利进行。

三、教师启发引导，学生合作探究

没有问题就没有紧张的思维活动，学生有了疑问才会去发现、去探讨、去创造。教师通过有目的地设置疑问，创设问题情境，引发学生认知冲突，吸引学生积极动脑，鼓励学生独立思考、判断和研究，激发学生提出独特的见解和看法。例如文中"那农民衣着包裹着的躯体，那消化着红豆角角老南瓜的躯体"与"奇伟磅礴的能量"似乎存在矛盾，教师进行引导，这股奇伟磅礴的能量源于何处呢？从而引导学生思考文章主题。

合作交流是一种生动活泼的教学形式，能增大学生的信息量，在讨论交流中借鉴他人观点，反思自我。本节课的教学中，教师创设出一种师生共同参与的积极和谐的教学气氛,有利于启发、诱导学生产生交流的愿望。

四、符合学生认知规律,合理设计教学环节

首先,播放安塞腰鼓的表演视频,让学生对这种较为陌生的艺术形式有一个直观的印象,创设形象情境。然后,让学生带着观看视频的印象和感受来朗读课文,将视觉感受与文字描述相契合,使学生的认识与情感相结合,使思维与形象相统一,与作者达成第一次共鸣。紧接着,学生从文章具体的句段入手,从细微处再次感受作者在字里行间洋溢出对安塞腰鼓的赞美,再一次达成情感共鸣。最后,教师借助背景链接,让学生感受中国人民渴望冲破束缚,迎来幸福生活的美好愿望,感悟作者对生命的赞美,对伟大祖国的诗性礼赞。让学生由浅入深地走进作者内心,达成情感共鸣,在感悟体验中身心得到全面发展。

保家卫国,担当情怀
——《灯笼》课例研究

徐州市大龙湖中学　戚明亮

一盏灯笼投射出点点亮光,照亮夜归人的路,温暖孤行客的心,牵动英雄的报国情怀,承载着中华民族几千年来孕育的家国情怀……

课例背景

☞ 教材解读

部编语文教材八年级下册第一单元是一个多文体的单元,选取的四篇课文主要体现了不同时代、不同生活场景和不同体裁下的"民俗文化"的元素,有助于学生开阔眼界,见识多样的、多元的民俗现象,增进学生对社会生活、社会文化的理解。

针对"民俗文化"这一主题元素,教学本单元时,教师把感悟文章背后的传统文化情缘作为学习主题,现以《灯笼》一课为例,带领学生共同探讨"灯笼下的传统文化情缘"。

《灯笼》写于20世纪30年代,是一篇抒情散文。它以"灯笼"为话题,串联起早年乡村生活的诸多记忆,表现旧时的乡村民风民俗,表达了对故乡的怀念之情;同时还以小见大,借"灯笼"这一形象表达了作者以天下为己任、愿为保卫国家充当"马前卒"的意志和热情。

学情分析

新课标指出,应该重视语文课程对学生思想情感所起的熏陶感染作用,注意课程内容的价值取向,要继承和发扬中华优秀文化传统和革命传统,体现社会主义核心价值体系的引领作用,突出中国特色社会主义共同理想,弘扬以爱国主义为核心的民族精神和以改革创新为核心的时代精神,树立社会主义荣辱观,培养良好思想道德风尚,同时也要尊重学生在语文学习过程中的独特体验。

针对学生的实际情况,怎样使学生在散文阅读中受到情感熏陶,继承和发扬中华优秀传统文化和革命传统是教学《灯笼》一课的情感目标,本文线索清晰,双线并进,但内容零散,学生因生活阅历原因,很难把众多素材连在一起梳理概括,因此教学时把找寻"灯笼"的情缘作为课堂链锁加以展开,同时辅以对文章典故的解读。

目标设定

(1)厘清文章思路,概括文章的主要内容。

(2)理解"灯笼"所体现出的深刻文化内涵,品味语言,感受作者"典雅而蕴藉"的语言风格。

(3)逐层体会作者对灯笼的情感,领会并学习作者与时代同呼吸、共命运的担当精神。

情境建构

古希腊学者普罗塔戈说过:头脑不是一个要被填满的容器,而是一束需要被点燃的火把。为了达到目标、突出重点、突破难点,根据素质教育和创新教育的精神,再结合本课的实际特点,确定本节课教法的指导思想:引导学生积极思维,热情参与,通过自主、合作、探究的学习方式进行课文情缘解读的交流和展示。

具体做法如下:

(1)情景设置法——激发感情,引起兴趣;创设朗读情境,以情传情,感染学生。(利用多媒体展示)

(2)合作法——拓展资料,交流心得。

(3)朗读展示法——小组分工,男女生分角色,多种形式朗读展示,丰富学生的阅读体验。

其中,朗读展示法是本课最主要的方法。在课前大量资料积累准备的前提下,让学生以多种形式进行朗读展示,走进文本深处,领悟灯笼所传递的情缘。

课例描述

一、链接所学,创设情境

《社戏》中对童年自由快乐生活的回忆我们会联想到结尾句:"真的,一直到现在,我实在再没有吃到那夜似的好豆,——也不再看到那夜似的好戏了。"

陕北民歌《信天游》中表达对母亲的思念,我们会想到:"羊羔羔吃奶眼望着妈,小米饭养活我长大。"

《诗经》中对"爱情"的期待,我们可以用"窈窕淑女,君子好逑"来表达。

今天我们跟随作者吴伯箫走进作品《灯笼》,共同去探寻"灯笼"下的文化情缘。

开头的一组句子,既引领学生回顾了今日所学课文的主题,又在语句中感悟着语文的语言之美,情感之美。

二、寻灯笼缘

感知课文内容、梳理"记忆中灯笼的缘",设计问题,安排学生独立解决,意在培养学生朗读课文,感知概括文意的能力。

【多媒体展示】

初读课文,作者对"灯笼"怀有怎样的情感?标注段落序号。(用文中的语句回答。)

三、忆灯笼事

快速跳读第3～11段,找出作者围绕灯笼写了哪些事?(注意带"灯笼"的关键语句。)

学生自主朗读课文,注意圈画关键词句,提炼概括。

提示:第2段结尾一句——"真的,灯笼的缘结得太多了,记忆的网里挤着的就都是。"该句起到过渡作用,让学生顺此找寻情缘,梳理概括。

第4段,挑着灯笼迎祖父回家——挑灯夜谈祖孙缘。

第5段,接过母亲递给的纱灯上下学——慈母接灯母子缘。

第6段,村头红灯高照,给孤行客以安慰——村头挂灯游子缘。

第7段,元宵节看灯,灯笼随着入梦乡——张灯结彩元宵缘。

第8段,族姊远嫁,宅第红灯高挂——垂珠联珑家族缘。

第9段,纱灯上描红——纱灯描字书法缘。

第10段,由宫灯、唱词联想汉献帝——献帝孤灯深宫缘。

第11段,联想到"挑灯看剑的名将",表达做"灯笼下的马前卒"的誓愿——挑灯看剑英雄缘。

四、品灯笼情

此环节的设置,目的在于带领学生有感情地品读课文,体会作者对灯笼的一往情深。

请学生看文中语段,该怎么读?注意加点的字,你读出作者怎样的情感?

文段一:村犬遥遥向灯笼吠了……那种熙熙然庭院的静穆,是一辈子思慕着的。

用舒缓的语气朗读,抓住关键词:"静穆""思慕",感悟——灯笼映照着祖孙情笃。

文段二:真是,若有孤行客,黑夜摸路,正自四面虚惊的时候,忽然发现星天下红灯高照,总会以去村不远而默默高兴起来的吧。

抓住关键词"忽然""高兴",读出孤行客的喜悦之情,感悟——灯笼慰藉着孤行客的心,表现村民的淳朴善良。

文段三:"……好一似扬子江,驾小舟,风狂浪大,浪大风狂"的汉献帝也许有灯笼做伴,但那时人的处境可悯,蜡泪就怕数不着长了。

抓住关键词"数不着长",联系历史上"汉献帝"的悲惨身世,用低沉的语气读出悲怆之情,感悟——灯笼昭示国破家亡。

教师过渡语:当年的"灯笼"已不再,往昔已不再,世事变迁,家族衰败,其实这背后是整个民族的衰亡。

引出探究问题——作者仅仅是写灯笼吗?

【链接背景】

1931年9月18日夜,日本侵略者在精心安排下,发动了"九一八"事变,"九一八"的炮火不仅震碎了壮丽的祖国河山,也击破无数文士的美好幻想,这其中就包括吴伯箫。然而,国民党政府竟然采取"不抵抗"政策,这让他十分愤懑,忧心如焚,怒火中烧,骨鲠在喉,不吐不快。于是,他在从事教育工作的同时,坚持业余写作,纾解一腔积郁。他在这一时期的散文,常常回荡着爱国主义的激越旋律。即使在回忆童年生活的篇章里,这一旋律也时常跳跃而出。

联系文本:

"虽不像│扑灯蛾,爱光明│而至焚身,小孩子│喜欢火,喜欢│亮光,却仿佛│是天性。

连│活活的太阳│算着,一切│亮光之中,我爱│皎洁的月华,如沸的繁星,同一支│夜晚来挑着照路│的灯笼。

唉,壮,于今│灯笼又不够了。应该│数火把,数│探海灯,数│燎原的一把烈火!"

此刻教师借助多媒体出示三段文字,引领学生看加粗的部分,从中读出了什么?

明确:第1段语音平缓,回味绵长,引入对往事的回忆,第2段一段青春的回忆

应语调明快,第2段语调舒缓,感情深沉。

引出:

光明—火—灯笼—火把—燎原的烈火。

亲情—乡思—乡俗—传统文化—历史—以小见大;明暗双线。

小结:灯笼是光明,是希望,是贯穿全文的线索;寄托着作者对故乡亲人的

怀念;借灯笼表现出作者悲壮激越的家国情怀,团结抗战,打败敌人,保卫好自己的家园。

五、悟灯笼缘

(1) 品析语言的简净、典雅与蕴藉,感悟灯笼情缘。

　　　　家来睡,
　　　　不是还将一挂小灯悬在床头吗?
　　　　梦都随了蜡火开花。
　　　　假定是暖融融的春宵,
　　　　西宫南内有人在趁了灯光调绿嘴鹦鹉,
　　　　也有人在秋千索下缓步寻一脉幽悄。
　　　　你听,
　　　　正萧萧班马鸣也,
　　　　我愿就是那灯笼下的马前卒。

教师结合文章内容,整合为一段文字,让学生再读,此处读教师分角色处理,让学生感悟文章语句的简净、典雅与蕴藉,把握典故的作用。

(2) 写缘——对灯笼情有独钟。

请用"一提起灯笼,就想起＿＿＿＿＿＿＿＿＿＿"句式,谈谈你学习本课的收获。

课例评价

初中语文新课程标准提出,培养学生高尚的道德情趣和健康的审美情趣,形成正确的价值观和积极的人生态度,是语文教学的重要内容,不应把它们当作外在附加的任务。应该注重熏陶感染、潜移默化,把这些内容贯穿于日常的教学过程中。作为语文教学主体的阅读教学,如何加强情感熏陶、美感引领?教师如何充分发挥作用,使学生在感受语文材料、感悟语文底蕴的过程中,收获心灵的感动、人格的感化,进而使学生喜欢语文、主动地学习语文,最终培养学生的语文情缘。因此,教师应该从激发兴趣、注重美感、鼓励质疑等方面培养学生的语文情缘。

(1) 架起桥梁,创设情境。

(2) 初中语文课本所选的课文大多文质兼美,有的文笔清新,有的情深意长,有的富有感染力,有的富有幻想。在语文课堂教学中,这些课文可以通过朗读、录音、多媒体展示等来创设特定的情境,通过一定的情感调控,架起学生与作者之间的情感桥梁,引导学生沉浸在文章所描述的情感氛围之中,让学生与作者产生情感共鸣,主动领会文章的思想内容。

《灯笼》一文从岁梢寒夜、小孩玩火、玩灯的兴致说起,穿今过古,纵横捭阖,从村头户外高挑的一挂红灯到唐明皇东宫绘彩悬珠的灯楼;从儿时挑着灯笼来回上学到族姊远嫁时华贵辉煌的灯笼队伍,把读者带到绵远幽深的记忆天地。作品最后如高山坠石、鲸多拨浪,勾勒出将军挑灯看剑的壮美画图,借历史名将的伟岸形象和塞外点兵的雄奇场景,艺术地抒写了我们民族抗御外侮的丰功伟业,表达了烽火岁月中作家甘当"马前卒"的"旷世的雄心"。灯笼承载着厚重的文化内涵,教学中,执教者努力追求深度教学,将散文内容巧妙地设计成诗,通过形式各异的朗读,带领学生在富有创意而又扎实的语言品味中向文本更深处漫溯。学生被文章流淌的灯笼情缘所感染,感受到作者寄寓灯笼中的复杂情感,学习兴趣被激发。

(3) 发掘教材中的美感因素。

语文学科的显著特点是人文性,即在传授知识和学法的同时,为学生打开一扇门,引导他们从文章中汲取精神营养,获取精神力量。语文教材内容十分丰富,涉及古今中外,其中有治国安邦之策,有教学理家之道,有道德情操的培养。只要教师用心挖掘,这些都是学生开掘美感、培养美感的不竭源泉。

《灯笼》语言典雅、蕴藉,引导学生"品灯笼情"是最重要的环节。在品析语言这一环节上,先让学生自己品,再指导朗读,带入情感去读,然后谈感受,也就是对语言的品析,教师在这一环节上通过让学生从词到句再到段,抓住语言的关键成分进行品味。通过品读,学生能在文字中体会喜悦与哀愁交织的复杂情感,心灵不断地被触动,不断地受到感染,对语文的喜爱程度也会日益加深。

（4）用自己的激情激发美感。

初中学生的性情和人品具有极大的可塑性。如果语文教师能入情入理，引导学生追求真、善、美，摒弃假、恶、丑，进行有效的情感教育与培养，那么学生就能不断发展自己的健康情感，对语文的喜爱也不会仅仅停留在知识的积累上。

《灯笼》一课所传达的情感不仅停留在对往事的温馨回忆，对孩童时代生活的怀念，还有历史的幽思与作者的担当情怀，这一深层次情感的把握需要教师本身具有较深厚的文本解读功底，需要教师平时的阅读积累和文化积淀。作者由灯笼联想到唐明皇的奢靡、进士的没落、汉献帝的落寞、沙场的雄壮，引起的是作者对华丽灯楼无缘观赏的惋惜，对官衔灯尚未丢失的期盼，对灯下汉献帝的悲悯，对灯下马前卒的推崇。文中这些情感的传达需要教师的朗读与引领，需要教师用自己的情感去激发学生的情感共鸣。教学最后一环节"悟灯笼缘"中，教师创新性地改编课文文字，以诗歌的样式呈现在学生面前，同时巧妙地安排分角色朗读环节，男生语调沉稳，女生语调舒缓，最后一段教师带领齐读，让学生从教师的情感中感受作者所要传递的与时代同呼吸、共命运的担当精神和浓烈地爱国主义情怀，慷慨悲壮，久久回荡在教室周遭。

铮铮誓言，家国情怀
——《土地的誓言》课例研究

徐州市第三十六中学　马艳林

课例背景

教材解读

《土地的誓言》选自部编语文教材七年级下册第二单元，这篇文章是作者端木蕻良在1941年9月18日为纪念"九一八"事变十周年而写的一篇抒情散文。当时抗日战争还处在十分艰苦的阶段，流亡在关内的东北人依然无家可归，而作者作为其中的一员，再也难以遏制心中强烈的思乡之情，不由地向着黑土地，发出了自己的誓言：我要回来！我愿付出一切！行文充溢着饱满、深沉的爱国热情。

学情分析

我们的学生距作者所处的年代较远，加之学生的经历有限，很难与作者产生共鸣。因此，调动学生的情感是学习本文的前提，有感情地朗读，细心地品读是关键。

目标设定

纷繁的故乡景物，强烈的抒情语言，渗透着东北流亡青年对国土沦丧的压抑之感和对故土的深深眷恋之情，作者这些情怀的表露，并不流于空泛，"对于广大的关东原野,我心里怀着挚痛的热爱",作者用火一样炽热的语言表达出来,本文的目标设定为品味作者富有个性的语言,领略东北独具特色的风土人情及领悟作者热爱家乡、热爱祖国的思想感情,学习作者"位卑未敢忘忧国"的高尚品质。

情境建构

从我们熟悉的家乡——徐州城谈起,春天的徐州城有何独特之处,调动学生热爱家乡的情感,引入对东北三省独特风物的认识;然后教师通过充满深情的朗读将同学们带入文本中,体会作者炽热的情感;借助音画让学生直观地感受到"九一八"事变的残忍,日寇铁蹄下山河破碎的场景:日寇占领我们的城市,打着太阳旗的队伍在大街上行进,残垣断壁,土地荒芜,生灵涂炭,人民流离失所;侵略者以杀戮我同胞取乐及兽性大发的可憎面孔,我同胞惨遭杀害时那种木然的表情,断壁残垣下尸骨累累。用真实的画面叩击学生的灵魂,直面旧中国屈辱的历史,打动学生,有助于学生把握作者的思想感情,有感情地朗读文章。

课例描述

一、从春天的徐州城谈起,引领学生走进东北大地

1. 情境导入

春天万物复苏,我们的徐州城也从梦中惊醒。大家谈谈自己印象中的徐州的春天,选取一个画面就可以。

2. 初读感知

让学生整体感受作者的语言特色及情感文章文化氛围浓郁,其中的地域色彩非常浓厚,东北地域辽阔,物产丰富,如何让学生认识到这一点?现采用教师范读与学生跟读的方式,并设计问题。

听读文章,你认为该用怎样的语调和感情朗读。

语调:激昂、低沉、舒缓、坚定等;感情:怀念、赞美、忧伤、愤怒等。

选择你喜欢的语句进行朗读,并结合句子谈谈你对东北大地的印象。

注意:朗读时通过语音、语气和语调读出情感,然后用"这是一块_____的土地"句式与大家一起分享。

二、整体感知——选择适切的朗读方式,领略独具特色风土人情

首先安排学生以小组为单位朗读展示选择的内容,小组之间互相评价朗读的语气、语调等,然后根据评价再次朗读,在对比中确定适切的朗读语气、语调和朗读方式。根据学生选择较多的两组句子,一起朗读评价。

① 我想起那参天碧绿的白桦林,标直漂亮的白桦树在原野上呻吟;

我看见奔流似的马群,听见蒙古狗深夜的嗥鸣和皮鞭滚落在山涧里的脆响;

我想起红布似的高粱,金黄的豆粒,黑色的土地,红玉的脸庞,黑玉的眼睛,斑斓的山雕,奔驰的鹿群,带着松香气味的煤块,带着赤色的足金;

我想起幽远的车铃,晴天里马儿戴着串铃在溜直的大道上跑着,狐仙姑深夜的谰语,原野上怪诞的狂风……

② 我无时无刻不听见她呼唤我的名字,无时无刻不听见她召唤我回去。……她低低地呼唤着我的名字,声音是那样的急切,使我不得不回去。

①句较长,特意将它进行了格式重造,断成四行,然后分析应该重读的词语、朗读的语气与语速,经过分析大家认为应该重读"我想起""我看见""我想起""我想起",学生在朗读中瞬间就明白了这是作者记忆中的东北原野,确定语气时发现这段话长短句相间,前面两个长句语气舒缓些,后面两句以短句为主,语速加快,"原野上怪诞的狂风"因为后面连接着省略号,语气应延长,读出富饶的东北原野值得回忆的内容太多,无法一一罗列,有回味悠长之感。而重读一些表示颜色的形容词,可以突出东北原野的五彩斑斓,"狐仙姑深夜的谰语,原野上怪诞的狂风"放缓节奏,读出东北原野的神秘有趣。

学生争先恐后,男女生各推选一名代表进行范读,然后推选小组合作读,最后全班齐读,这美丽、富饶、神秘的东北原野我们怎能不怀念,气势达到顶点。这句话所包含的修辞方法及作用顺势而出,一组排比,句式工整,增强语势,能让读者更加了解作者的家乡,更表达了作者强烈的思乡之情。在朗读中师生一起走进一个物产丰富、色彩斑斓、广袤富饶、神秘有趣的东北原野,对这片土地的热爱之情油然而生。

②句较短,但句式结构不明显,大家一起找到"无时无刻不""不得不"双重否定词,然后男女生分别朗读,比较分析肯定语气与双重否定语气的区别,双重否定词应重读更能突出作者强烈的思乡之情,深刻揭示出故乡与作者之间亲密、默契的关系。

这堂课在大家不断的尝试中,师生一起围绕着美丽、富饶、神秘的东北原野,采用男女生示范朗读、小组合作读和全班齐读等方式,一次次走进文本,逐渐体会到作者对家乡东北的热爱以及对东北原野特有的风土民俗的兴趣,为下面分析文章主题做好铺垫。

三、探究主旨——创意美读关键语句,品悟作者深沉的爱国情怀

这个阶段可以选择多种形式的朗读,比如领读、合读、分读、混合声读等,或者是让学生选择自己喜欢的段落去读,带上表情和动作,让人人感受到朗读之美,品味文化魅力。

学生在预习《土地的誓言》时一再反映读不懂。如何让学生读懂文本成为这堂课出发点。我们一起创意整合文本,从定标题、分角色到划分朗读节奏。

(男)《我怎能离开她》

领:在春天,东风吹起的时候,土壤的香气便在田野里飘起。

女:河流浅浅地流过,柳条像一阵烟雨似的窜出来,空气里都有一种欢喜的声音。

……

秋天,银线似的蛛丝在牛角上挂着,粮车拉粮回来,麻雀吃厌了,这里那里

到处飞。禾稻的香气是强烈的,碾着新谷的场院辘辘地响着,多么美丽,多么丰饶……

男:我怎能离开她!

这一段文字是作者对儿时生活的一段回忆,选取了春秋两季的景物,表现了东北大地的丰饶美丽,表达了作者对故乡的深切怀念。曾经的生活是如此美好,朗读时节奏应是欢快的,语音清脆为佳,因是回忆,开头结尾的句子读的舒缓些容易有代入感,于是就有了上述创意的编排。在展示时,采取组内分角色读,全班分角色读,在学生齐心协力的创意编写与朗读中,师生不仅读出了儿时的美好,更读出了大家对美好的向往,进一步理解了作者对东北土地的无比怀念,还有那怀念中暗含着的忧伤与愤怒。

四、深化主题——潜精研读主题语句,深深根植家国情怀

师生在读出作者的情感之后,再设定任务情境精心研读文本、品味语言,进一步加深对文化的理解。作品中蕴含着作者的文化涵养,这种文化涵养作为一种文化取向潜藏于文本之中,成为文本所蕴含的深刻内涵。我们需要在反复的诵读中潜心研究,让那些渗透在经典作品中的文化意蕴,自然而然地内化于心,演化为同中华民族血脉相连的文化情怀。

在《土地的誓言》一文中,通过"九一八"事变的背景回顾,让学生了解这段历史:自从东北沦陷之后,本文作者端木蕻良和妻子萧红等一群东北作家一直在上海、武汉等城市辗转流离,在重庆遭遇了孩子夭亡的痛苦之后,他们又飞抵香港,开始了在香港两年的流亡生活。在那个战火纷飞的年代,妻子病重卧床,生活困顿窘迫,为生计奔波的端木蕻良,走在了人生的边缘。写下这篇文章的时候,"九一八"这场灾难已经过去了整整十年,抗日战争正处于十分艰苦的阶段,流亡在关内的东北人依然无家可归。29岁的端木蕻良——有家难回的游子,在遥远的香港,怀念着东北故土,怀着难以遏制的思乡之情写下了这篇文章。

再次走进文本:面对故土,作者发出了怎样的誓言?(用原文回答)你体悟到作者怎样的情感?问题明确,学生迅速找到文末的句子,然后大家一起讨论

需要重读的词语及语速:重读肯定词"必定""必须""我要""我一定""我愿"等,最后一句声音延长。顺势抛出:称关东原野"她"而不是"它",最后"她"变成了"你",为什么?因为"她"是家乡,是母亲,体现了作者的情感变化。开始时情感平淡用第三人称,而后作者抛开读者,直接与大地对话用"你",是呼告的手法,直接而强烈地表达了作者对故乡土地的热爱、怀念和眷恋之情。

这种强烈的爱国情怀只有呼告才能表达,面对日军的铁蹄,面对满目疮痍的东北母亲,作者爱国情怀喷薄而出,在语言的研读品析中,学生的心灵又得到了一次洗礼,"国家"两个字深深地根植在师生的心里。

在这样热血沸腾的文字中,我们感受着一代文人对祖国的热爱,对故乡的眷恋(板书:思乡爱国)。"土地"在这时就不是单纯的泥土了,她是故乡和母亲的代称。让我们记住这位东北的作家:端木蕻良(板书:端木蕻良)。

五、拓展延伸——群文助读,内化师生文化情怀

一堂课即将结束,学生们激情澎湃。作者对家乡"怀着炽痛的热爱",这种深深的眷恋之情敲击着师生们的心灵。家国情怀、爱国情感是我们中华民族生生不息的文化脉络,请学生用学过的古诗文表达自己对家国情感的认识。

学生说出:爱国是曹植"捐躯赴国难,视死忽如归",是岳飞"待从头,收拾旧山河,朝天阙",是……,学生依次回顾自己学过的爱国诗句:"天下兴亡,匹夫有责""苟利国家生死以,岂因祸福避趋之""安得广厦千万间,大庇天下寒士俱欢颜,风雨不动安如山""商女不知亡国恨,隔江犹唱后庭花"……

课例评价

一、以作者深沉的爱国情怀点燃课堂

文章不是无情物,每一篇文章无不跳动着作者的感情脉搏,无不蕴涵着奔腾的感情激流,无不凝聚着人类情感的五颜六色,无不是作者心灵的独白。好的文章大都是不平则鸣,是情动而辞发。作家通常是在情感冲动下进行创作

的,他们给笔下的情景和人物注入了丰富的情感。因此,品悟作者情怀、内化学生情感就成为这堂课的核心,也成为这一类抒情散文教学的共同着力点。而要让学生去品味像《土地的誓言》这样的好文章,就得朗读,就得读出感情;要读出感情,教师、学生与文本之间必须以心灵感受心灵,以感情赢得感情。只有把学生的感情调动起来,他们才能进入朗读的状态。

二、师生并进:尊重个性理解,语言品得实在

1. 个性的理解

在教学设计时,教师往往是作为读者与文本对话,这是"前理解"。对课文内容需要有自己的理解与心得,这就要求教师在阅读中要认真质疑文本,让自己的心灵与文本撞击,在撞击中受到触动,真正读出一点心得感受。课堂是生动的,充满变数的,就是因为不可预料才神奇,才能撞击出火花,在朗读《土地的誓言》第1段排比句时,学生们每次都有新思路,重读"色彩词语",读出东北原野的五彩斑斓,重读"我想起、我看见、我想起、我想起",读出排比句的气势,"狐仙姑深夜的谰语"又读出了东北大地的神秘莫测。

2. 有效的品读

语文课上不能缺少语言的品味,很多老师都以"你认为哪些句子写得好?"这样的提问来设置这一环节,老师总是有这样的疑惑和担心。怎样才算好?这是比较模糊的。虽然学生从多个角度去揣摩品味语言,在"品"中对语言有自己的想法,有了一点感悟,但这样的"品"总显得有点零碎,这样的"说"总有点东凿一斧、西掘一刨的味道,有许多学生的鉴赏因为没有教师的总结归纳而成为昙花一现。

本课例最值得称道的就是品味语言教学这一环节,在"情""质"的带动下品,去感受、体验语言表情达意的表现力和生命力。因此,在这堂课中,围绕"这是一块的_____的土地"这一问题寻找文中比较有表现力和生命力的句子,品析了两组句子,又对其中的一组句子从不同的方面展开品析,如修辞、长短句、感官、富有表现力的词语等,品味有依据有深度,这样学生在寻找语言点也比较有抓手。

一堂课结束了,课堂中学生们激情的朗读却让人久久回味,留给大家很多思考。本课堂教学抓住了文化核心,抓住了语言点,却不能做到面面俱到,但相信只要教师不断探索,关注内容,关注语言,教出自己的个性,就是一堂实实在在的语文课。

悠悠雨中,品读文化
——《昆明的雨》课例研究

徐州市潇湘路学校　宋莉莉

肥大的仙人掌,好吃与不太好吃的菌子,火炭般的杨梅,带着雨珠的缅桂花,还有卖杨梅的苗族女孩,送缅桂花的房东母女,更有莲花池边酒店里与友人的小酌……

课例背景

☞ 教材解读

部编语文教材八年级上册第四单元的文章都是经典的散文,或写人记事,或托物言志,或阐发哲理,或写景抒情,展示了丰富多彩的自然景象和社会生活,表达出独特的情感体验和深刻的人生感悟。将不同类型的散文集聚在一个单元,意在呈现不同类型散文的特点。

《昆明的雨》作为第四单元最后一篇散文,是一篇很有韵味的写景抒情散文,这篇散文平淡而自然,简单而丰富,为我们描绘了一幅明亮、丰满,使人动情的春城雨季图,充分展现了昆明闲适优雅的风土人情和对生活中情趣与美的欣赏,字里行间传达出汪曾祺对昆明魂牵梦绕的思念之情。文章语言简单平和,但却洋溢着中华民族浓厚的文化思想。在教学中,教师不仅需要引导学生走进美丽的昆明雨季,同时,还应注意本文的"情",除了喜爱和想念以外,在第 10 段展现出的"木香花湿雨沉沉"的淡淡愁绪。联系相关写作背景,让学生明确在那个风雨如晦的年代,作者也始终有一双发现美的眼睛和身处乱世却依然能够淡然从容、坚毅执着的精神文化。

《义务教育语文课程标准(2022 年版)》中对语文课程的基本理念就有这样的要求,应该重视语文课程对学生思想情感所起的熏陶感染作用,注意课程内容的价值取向,要继承和发扬中华优秀文化传统和革命传统,体现社会主义核心价值体系引领作用。

教师要找到文本内容与传统文化的契合之处,带领学生从文化传承的角度去阅读该作品,这对学生积累知识、培养情感、提升鉴赏能力都大有裨益。

学情分析

作为八年级的学生,此前已经学习过很多写景抒情散文,学生对该类散文比较熟悉。此外,汪曾祺先生散文的语言平淡质朴,简洁而富有韵味,因此学生基本都能读懂文章内容。但看似平淡的文字背后蕴藏的复杂的感情和深厚的人文内涵,学生的生活感悟有限,要想真正深入体悟这种文化精神,任重而道远。因此,教学时要引导学生通过小组合作,挖掘精神文化。

目标设定

(1)了解昆明的雨的特点和文中展现的风土人情。

(2)品味文章语言,体会作者对第二故乡昆明的深厚情感。

(3)知人论世,学习作者身处乱世却依然能够淡然从容、坚毅执着的精神文化。

情境建构

本课的学习,立足语文学科的工具性与人文性,采用默读、品读、研读等形式来组织教学,并以此激发学生读书的兴趣,掌握阅读的基本方法。通过自主、合作、探究的学习方式挖掘本文所蕴含的文化因素,交流和展示。

文化传承视角下的初中语文教学课例

课例描述

一、创设情境,导入新课

春花秋月,夏雨冬雪,四时不同,爱者各异。自然无言,却在自古至今的文人诗作中营造着不同的意境,传递着不同的情感。就拿最寻常的雨来说,"君问归期未有期,巴山夜雨涨秋池。何当共剪西窗烛,却话巴山夜雨时",李商隐的一首《夜雨寄北》吟唱出了久客游子普遍的心声。而在现代,作家汪曾祺在《昆明的雨》一文中,同样借助雨来表达出对昆明的喜爱以及对故乡淡淡的忧思。

二、默读文章,感受传统文化元素

请同学们默读课文,画出文章中所涉及的传统文化部分。

1. 门头倒挂仙人掌辟邪

"昆明人家常于门头挂仙人掌一片以辟邪,仙人掌悬空倒挂,尚能存活开花。于此可见仙人掌生命之顽强,亦可见昆明雨季空气之湿润。"

"我的那张画是写实的。我确实亲眼看见过倒挂着还能开花的仙人掌。旧日昆明人家门头上用以辟邪的多是这样一些东西:一面小镜子,周围画着八卦,下面便是一片仙人掌,——在仙人掌上扎一个洞,用麻线穿了,挂在钉子上。昆明仙人掌多,且极肥大。有些人家在菜园的周围种了一圈仙人掌以代替篱笆。——种了仙人掌,猪羊便不敢进园吃菜了。仙人掌有刺,猪和羊怕扎。"

学生可以迅速找到这两处,接下来老师继续追问:这两处都提到了一种民俗文化,即门头倒挂仙人掌辟邪,那么昆明人为何会有这种习俗?表达了昆明人什么样的情感?

教师点拨:中国古代风水学中认为,仙人掌有镇宅保平安的作用,因为仙人掌满身是刺,因此能够驱邪化煞,以凶制凶,如果仙人掌摆放在阳台、门窗、或者不祥之地,那么仙人掌就能够起到化煞之功,这样的风水格局则为吉相。另外,倒挂宜生存,在雨的滋润下昆明的仙人掌多且极大,昆明人家家家户户倒挂仙人掌这一民俗文化,体现了人们对平安和顺的祈求,也寄托了对生活的美好愿景,是中国传统文化与精神的体现。

2. 诗句:"城春草木深"和"孟夏草木长"

教师追问:"城春草木深"和"孟夏草木长"这两句诗歌分别出自哪里?表达了诗人怎样的情感?(使用多媒体把这两首诗歌完整地呈现出来。)

教师点拨:"城春草木深"出自杜甫的《春望》,其中"烽火连三月,家书抵万金"一句表达了对家乡的思念之情。"孟夏草木长"出自陶渊明的《读〈山海经〉•其一》,其中"众鸟欣有托,吾亦爱吾庐"一句表现了对怡然自得的闲适生活的热爱与追求。

化用这两句诗词,除了增加文章色彩之外,更是言简意赅地道出了对第二故乡昆明生活的喜爱以及对闲适生活的怀念。昆明就是作者精神的故土,心灵的栖息之地。将古诗词这一传统文化元素融入其中,能够把这种细腻的情感揭示得更加诗意,更加深刻。我们解读文化,不仅要知其然,更要知其所以然。

3. 饮食文化

汪曾祺曾说:"在一种挚爱生活的热力里,爱吃、会吃、能吃、吃得舒心惬意,那是生命内有的快乐。"《昆明的雨》中提到了各种菌子,请大家品读描写菌子的段落,找一找都提到了哪些菌子?作者又是怎样描写各种菌子的?

教师点拨:"牛肝菌色如牛肝,滑、嫩、鲜、香,很好吃……""青头菌比牛肝菌略贵。这种菌子炒熟了也还是浅绿色的,格调比牛肝菌高。""菌中之王是鸡枞,味道鲜浓,无可方比……""有一种菌子,中吃不中看,叫作干巴菌……""还有一种菌子,中看不中吃,叫鸡油菌……"

教师追问:作者使用了一些具有情感色彩的词语来介绍菌子,请大家找一找,从这些词语当中你读出了作者怎样的情感?

教师点拨:"极多""滑、嫩、鲜、香""最""连""甚""无可方比"等词语,作者用这种带有情感倾向的词语,夸大对菌子的喜爱与对美食的怀恋,透过这些词语,我们似乎闻到了菌子的清香,尝到了菌子的鲜美。这是昆明的雨带来的美食,想念菌子就是在想念昆明雨季的一切美好事物。一字一句无不流露出对昆明雨季的思念。

小结:这些文化元素让我们饱览了昆明的景色美,看到了当地的风俗美,尝到了菌子的滋味美,更能够从简单朴素的语言中感受到作者对昆明深深的喜爱与怀念之情。

三、品读文段,赏析和谐文化元素

本文题为《昆明的雨》,但是文章并未使用过多的笔墨来描写雨,而是写了许多其他景色、人物与事情,请同学们找一找文中提及了哪些景、人、事?作者是怎样介绍的?他们与昆明的雨又有怎样的关系?

把学生分成三个组,老师给三个关键词(景物组、人物组、叙事组),每组负责一个。先自主勾画圈点,找出相应的词语、句子赏析并朗读出来,然后小组合作,各组交流展示,集集体之力量,一起来赏析这篇美文。

1. 景物组

肥大的仙人掌、随处可见的菌子、火炭般的杨梅、带着雨珠的缅桂花、爬满架的木香花。

示例一:昆明的雨季是明亮的、丰满的,使人动情的。

赏析:"明亮""丰满"分别写出了昆明雨季的光线充足、雨量充沛,暗示了雨水滋润下的万物会蓬勃生长,为下文写仙人掌、菌子、果子、缅桂花埋下伏笔,表现了作者对昆明雨季的喜爱。

示例二:一棵木香,爬在架上,把院子遮得严严的。

赏析:"爬""遮"等动词,把木香拟人化,赋予了木香以人的动作,生动形象地表现出木香的茂盛,表达作者对雨季之下的木香花的赞美之情。

这些事物都是在雨的滋润下肥大、极多、茂盛、美丽,暗示了雨水滋润万物,各种自然事物与雨相得益彰,和谐共生。

2. 人物组

宁坤、卖杨梅的女孩子、女房东和养女、朱德熙。

示例一:卖杨梅的都是苗族女孩子,戴一顶小花帽子,穿着扳尖的绣了满帮花的鞋,坐在人家阶石的一角,不时吆唤一声"卖杨梅——",声音娇娇的。她们的声音使得昆明雨季的空气更加柔和了。

赏析:用"戴""穿""坐""吆喝"一系列动词,对苗族女孩进行了语言描写、动作描写、外貌描写等,塑造了一个纯真、娇美的女孩子,表达了作者对女孩子的赞美之情。

示例二:缅桂盛开的时候,房东(是一个五十多岁的寡妇)就和她的一个养女,搭了梯子上去摘,每天要摘下来好些,拿到花市上去卖。她大概是怕房客们乱摘她的花,时常给各家送去一些。有时送来一个七寸盘子,里面摆得满满的缅桂花!带着雨珠的缅桂花使我的心软软的,不是怀人,不是思乡。

赏析:女房东是一个善良淳朴的人。从文字看来,房东需要靠卖缅桂花维持生活,可见生活并不富裕,但就在这种情况下,她依然能够毫不吝啬地拿出缅桂花来送给房客。"时长""满满的""七寸盘子"等这些词语,足见房东的善良淳朴。

她们柔和了春雨,春雨也滋润了她们柔美的人性。在兵荒马乱物资匮乏的年代里,不论卖杨梅的女孩子还是女房东,她们都是纯真善良的,作者描绘了一幅和谐美好的画面,与时代形成强烈的反差。中国传统文化以和为贵,这些人物不仅折射出作者对昆明的深情,同时也彰显了汪曾祺对传统和谐文化的追求。

3. 叙事组

宁坤向我要画、与朱德熙散步小酌。

示例一:"宁坤给我要几幅画"。

赏析:对于读者来说,宁坤是一个陌生人,而作者故意把宁坤当成熟人来写,一下拉近了与读者之间的距离,读此文章就如与汪老聊天,亲切和谐的画面要然纸上。

示例二:酒店有几只鸡,都把脑袋反插在翅膀下面,一只脚着地,一动也不动地在檐下站着。

赏析:语言直白而平和,描写了一派宁静祥和的诗意生活,从最普通的

"鸡"的表现侧面写出了写出了昆明雨季的悠闲,表现了作者对昆明的怀恋。

小结:汪曾祺是一个深受中国传统文化影响的知识分子,他的散文创作特别擅长从生活中的琐碎小事取材,寓巧于拙,亦以其丰厚的文化意蕴获得世人的认同。他曾说:"我追求的不是深刻,而是和谐","我希望寄奇崛于平淡,纳外来于传统,能把他们揉在一起"。这种审美方式正体现了中国儒家文化体系。一方水土养育一方人,不论是熟识的好友还是生活中的过客,他们都在昆明的雨的滋养下焕发出淳厚的人性和对生命的热情,无不彰显着汪曾祺所追求的和谐文化。

四、研读背景,传承坚毅文化元素

(1) 请大家仔细研读文章第 10 段,字里行间中除了作者对昆明的喜爱和怀念之情外,还有没有别的情感?

链接背景:本文写于 1984 年,所叙述的是作者 40 年前就读于西南联大的生活,汪曾祺在昆明生活了 7 年,这是他人生中非常重要的一个时期,也从此时开始走上文学之路,结交朋友与师长,昆明可以说是他的第二故乡。而汪曾祺的故乡是江苏高邮,昆明对他来说彼时就是异乡,算来那时是 1939—1946 年之间,故乡高邮早已沦陷,家乡之人与敌人在战场上浴血奋战,而自己却身处异乡。

教师点拨:淡淡思乡情、悠悠家国情。文章最后一段写到莲花池边小酌,同游人是朱德熙,江苏老乡,所观之景是遥念故土的江苏常州人陈圆圆的画像(相传陈圆圆随吴三桂到云南后出家,暮年投莲花池而死)。二十多岁的汪曾祺与陈圆圆虽境遇不同,但心境相似,有着背井离乡的孤苦和对平淡稳定生活的深深渴望。一人一景无不蔓延着淡淡的乡愁和氤氲着挥之不去的家国情结。

(2) 面对家国有难,汪曾祺为何还能看到昆明如此多的美景与温情?你能从他身上看到一种怎样的精神?

教师点拨:身处乱世却依然能够保持淡然从容、坚毅执着的精神。

青年学子背井离乡,不抱怨、不愤怒,将对家乡的愁思转变为对昆明美丽景色和风土人情的考量,转变为对民族的热爱和对民族文化的认同。在这样兵荒马乱、战事不休的情况下,作者看到的是肥大极多的仙人掌、炭火般的杨梅、爬满架的木香花,尝到的是滑、嫩、鲜、香,无可方比的菌子,听到的是娇娇的卖杨梅的女孩子的声音,触到的是善良房东软软的心,感受到的是昆明雨季滋润下的一切美好与和谐。

小结:汪曾祺先生曾说:"我想把生活中真实的东西、美好的东西、人的美、人的诗意告诉人们,使人们的心灵得到滋润,增强对生活的信心、信念。"物质上的贫困和政治上的动荡并没有使他颓丧,而是用雨季里的景、人、事传递出那份淡然从容。而这份淡然从容又是何等的坚毅与执着,这正是中国传统文人的风骨。汪老是爱昆明的,他用这种淡然的文风传递给我们乐观,让我们传承这种身处乱世却依然能够保持淡然从容、坚毅执着的精神文化。

课例评价

传统文化对学生精神生活有着深刻的影响,从文化传承的角度去阅读作品,对学生积累知识、培养情感、提升鉴赏能力都大有裨益。而初中语文教学是一个传承文化的重要途径,它可以在实现育人目标的同时,将传统文化与教材知识相结合,让学生在学习语文知识的同时体会优秀传统文化的魅力,把文化知识内化于心,浸润其中,传承发扬。

《昆明的雨》这篇文章蕴含着丰富的优秀传统文化,本节课在设计教学环节上,紧扣传统文化,并以此为突破口,设计了三个环节:默读文章,感受传统文化元素;品读文段,品析和谐文化元素;研读背景,传承坚毅文化元素。这三个环节环环相扣,由浅及深,由易到难,由实到虚,一层比一层更深入。这样的设计不仅读出了汪曾祺先生心中的雨以及对昆明的热爱与怀念,更让学生深入体会作者的情感,理解文本的人文内涵,从而学习汪曾祺先生这种身处乱世却依然能够淡然从容、坚毅执着的精神。作为教师,我们不仅要带领学生挖掘文本文化内涵,更要将优秀文化植根于学生内心,让优秀的文化穿越历史,走向未来。

语言品析是本文的一个重点,也是这篇文章的亮点。老师将文章中涉及的内容分为景、人、事三个部分,在这一过程中老师引导学生以自主学习与合作探究为主,采取自学、小组合作的形式,这一环节更能体现学生自主学习的能力,课堂上的学生更忙了,个个静思默想,舞动笔墨圈圈画画,真正体现了教师作为引领者、组织者的角色。

语文课堂永远不能只观其形,我们一定要深入文字深处,带领学生去挖掘隐藏的内容和情感。这位老师对文本的挖掘比较细致到位,如注意到同游人是江苏老乡朱德熙,所观之景是遥念故土的江苏常州人陈圆圆的画像。作者为什么要提到这两位?原来他们都和自己的家乡有关。在作者眼中一草一木均藏深意,凡人小事皆含深情,这雨中的一人一景不是闲笔,而是和淡淡的乡愁和悠悠的国情有着千丝万缕的联系。

另外,需要强调的是,《昆明的雨》是一篇自读课文,"自读课文",顾名思义,必须得由学生"自读",而且是大段的时间完整地交给学生去"自读",教师少"插手",甚至学习目标、学习流程、效果达成情况,都让学生自主完成。读什么?如何读?这个问题在《义务教育教科书教师教学用书 语文(八年级下册)》编写说明中有明确要求:教读课文,由教师带着学生,运用一定的阅读策略或阅读方案,完成相应的阅读任务,达成相应的阅读目标,目的是学"法"。至于用什么"法",可以教师提示,亦可由学生根据自己的理解灵活运用。但是本节课老师对"法"的重视程度还不够,没有达到教师用书所提到的高度。

沉重忧伤，豁然达观
——《秋天的怀念》课例研究

徐州市潇湘路学校　程　梦

微笑着，去唱生活的歌谣。不要抱怨生活给予太多磨难，不必抱怨生命中有太多曲折。

课例背景

教材解读

《秋天的怀念》选自部编语文教材七年级上册第二单元，本单元各篇文章都在表现亲情，属于"亲情单元"。作者史铁生以回忆的方式，通过描述生活中的细碎小事，表达对母亲的愧疚与怀念。作者内心的情感本是汹涌澎湃、痛彻心扉的，但文章的叙述语调却显得平静内敛。整篇文章没有任何咏叹呼号的句子，文章的感人力量，全部来自那些不事渲染、本色呈现的细节。从这些细节中可以感受到作者对母亲深切的怀念，也感受到了作者自身的悔恨与愧疚。感知这种平静内敛的叙述语调，领会其中蕴含的真挚动人的情感，是整体把握本文的基本要求。

全文的感情基调是深沉忧伤的，但在作者的叙述中，我们能感受到虽有一个统一的基调，但段落之间也有节奏的变化。情感波澜一张一弛、一高一低，与作者内心的情感状态，达到了和谐一致。

朗读是本单元也是本课学习的重要内容,基于本文张弛有度的情感,在朗读时要注意语速、语调的变化,用细腻丰富的语气读出深沉真挚的情感。

史铁生是当代文坛公认的优秀作家,本文作为他的散文代表作之一,堪称经典。它的经典价值,在于以一种精致圆满的结构形式、一种独具个性的叙述风格,表达了最为真实的自我和最为普遍的生命感悟。作品的感情之真切,意蕴之深沉,具有穿越时空、感人至深、耐人寻味的不朽魅力。教学《秋天的怀念》这篇文章,旨在把学生引向史铁生丰富的精神世界,引向对母爱内涵的深层诠释,引向对"好好儿活"意义的深层追寻。

《秋天的怀念》向我们展示了三位主人公:母亲饱受病痛的折磨却一直隐忍不言,无微不至地照顾瘫痪的儿子;"我"在母亲去世后,重拾对生活的热爱,坚强面对现实,照顾未成年的妹妹,带领妹妹一起"好好儿活";妹妹在得知母亲病情后,和母亲一样,选择隐瞒,不去增添"我"的内心负担,在"我"重拾希望后,代替母亲推着"我"迎接新生活。他们每一个人身上都有着中国优秀传统文化的影子,母子间,兄妹间,都让我们感受到了浓厚的至爱亲情。

母亲一直盼望带着"我"去看菊花,"菊花"在我国被誉为"花中四君子"之一,凌寒不凋,气韵高洁。赏菊,一直是中国民间长期流传的习惯,远从古代的京都帝王宫廷、官宦门第和庶民百姓,近至当今中国各城市的人民群众,每年都在秋天举行菊花会、菊展等各种形式的赏菊活动。母亲带"我"赏菊,实则是赏"菊文化",赏菊花的淡雅高洁,赏菊花的泼泼洒洒,赏菊花的坚贞顽强。

学情分析

七年级的学生已经具备一定的朗读能力、理解能力和感悟能力,且本文篇幅不长,叙事头绪也并不复杂,因此学生不难感悟文中的母子情深。但学生的情感体验容易浮于表面,对史铁生作为残疾人的特殊心情,可能体会得不是很亲切,对于菊花意象的内涵,学生理解起来可能会有困难,需要通过反复朗读,品词析句,再结合史铁生的特殊经历及其相关作品,才能真正走进作者的情感世界,感受到从作者心里流淌出来的文字所蕴含的情感温度,从而对他们母子之间的情感、菊花意象的内涵以及题目承载的特殊意义,生成属于自己的理解与体验。

同时，由于学生本身阅历较浅，读出文章中炽烈真挚的情感可能存在一定难度，这就需要教师示范感染，学生反复练习，不断调动内心感受，从而有意识、有方向地提升学生的朗读技能。

目标设定

（1）整体感知文章内容，把握感情基调和节奏，理解作者的复杂情感及变化。

（2）朗读文章，品味细节描写，分析母亲形象，读出本文深沉的母爱。

（3）感悟平凡而伟大的母爱，激发感恩情怀，学会面对生活的残缺遗憾。

情境建构

教学情境之于知识，犹如汤之于盐。盐需要溶入汤中，才能被吸收；知识需要溶入情境之中，才能显示出活力和美感。教学情境的合理创设能够激发学生学习的兴趣，并为学生提供良好的学习环境。

以读入境。教师进行朗读指导，有感情地朗读，通过范读，唤起学生的情感体验。

设疑激趣。通过设置具体任务，引导学生进行自主思索，合作探究。

以境悟情。联系生活实际，创设情境，体会文章中浓厚的母子深情。

课例描述

一、新课导入

"慈母手中线，游子身上衣。临行密密缝，意恐迟迟归。谁言寸草心，报得三春晖！"

我们将举办一场以"感悟亲情，珍爱生命"为主题的读书朗读会。

有同学想把史铁生的《秋天的怀念》作为朗读作品来参加活动，那么这篇文章应该怎么读呢？我们一起来欣赏这篇文章吧！

二、朗读文本,感知内容

1. 任务一:感知文章内容,明确感情基调

感情基调是指一篇文章整体的基本的感情色彩和声音语调。朗读时,内心对文章的感情基调有一个明确的把握和提示,才能准确而充分地传达出恰如其分的感情。

接下来,我们感知文章内容,确定《秋天的怀念》的感情基调。请同学们自由朗读课文,用一句话来概括文章内容。

明确:本文讲述了重病缠身的母亲体贴入微地照顾双腿瘫痪的儿子,并鼓励儿子好好活下去的故事,歌颂了母爱的无私和伟大,表达了作者对母亲深深的愧疚和怀念之情。

全文的感情基调:深沉、忧伤。

朗读建议:多抑少扬,多停少连。

教师范读第1段。感情基调是统一的,是不是意味着语调要一致呢?其实并不是这样的,我们还要注意节奏的变化。

2. 任务二:感知情感起伏,明确节奏变化

节奏是指朗读全篇时,由抑扬顿挫、轻重缓急等声音形式的回环往复所构成的整体感。节奏要与全篇的逻辑思路、感情基调统一,同时段落之间因为有情感的起伏,也会有相应的节奏变化,请大家再次朗读课文,用一条曲线来表示文章的情感起伏和节奏变化。

第1段要读出"我"与母亲对话时的激动语气;第2段读时语气陡然低沉;第3段应略有一点儿轻松愉快的语气;第4段又陡然低沉,这是独句段,要读得特别缓慢、沉重;第5、6段也要读得沉重、痛心;读第7段之前,要停顿较长时间,拉开回忆的时空;第7段要读得沉着、淡定,读出引人深思、耐人寻味的感觉。总之,本文的感情一张一弛、一高一低,朗读时要注意节奏的起伏变化,不能把全文读成一种语速、一个腔调。

请同学们思考一个问题,作者的情感为什么会有这样的起伏呢?是何种力量让自暴自弃的史铁生重拾生活的勇气,沉着冷静面对人生呢?

学生很快回答:母爱的力量。

三、品读词句,分析形象

多媒体展示《合欢树》的一个片段:

> 我坐在小公园安静的树林里,闭上眼睛,想,上帝为什么早早地召母亲回去呢?很久很久,迷迷糊糊的我听见了回答:"她心里太苦了,上帝看她受不住,就召她回去。"我似乎得了一点安慰,睁开眼睛,看见风正从树林里穿过。

——《合欢树》

选择文中你感受最深的一段文字,圈画描写母亲的词句,分析母亲形象,并有感情地朗读。

示例一:母亲就悄悄地躲出去,在我看不见的地方偷偷地听着我的动静。当一切恢复沉寂,她又悄悄地进来,眼边儿红红的,看着我。

母亲扑过来抓住我的手,忍住哭声说:"咱娘儿俩在一块儿,好好儿活,好好儿活……"

示例二:那天我又独自坐在屋里,看着窗外的树叶"唰唰啦啦"地飘落。母亲进来了,挡在窗前:"北海的菊花开了,我推着你去看看吧。"她憔悴的脸上现出央求般的神色。

示例三:她高兴得一会儿坐下,一会儿站起:"那就赶紧准备准备。""哎呀,烦不烦?几步路,有什么好准备的!"她也笑了,坐在我身边,絮絮叨叨地说着:"看完菊花,咱们就去'仿膳',你小时候最爱吃那儿的豌豆黄儿。还记得那回我带你去北海吗?你偏说那杨树花是毛毛虫,跑着,一脚踩扁一个……"她忽然不说了。对于"跑"和"踩"一类的字眼儿,她比我还敏感。她又悄悄地出去了。

示例四:可我却一直都不知道,她的病已经到了那步田地。后来妹妹告诉我,她常常肝疼得整宿整宿翻来覆去地睡不了觉。

……

别人告诉我,她昏迷前的最后一句话是:"我那个有病的儿子和我那个还未成年的女儿……"

提示：从人物描写的角度，抓住母亲的动作、语言、神态等进行分析。

预设：细心耐心、慈爱坚忍、无私无畏……

四、再读文本，品析菊花

1. 任务一：看菊花，梳理"我"的变化

先自选角度进行梳理，随后组内交流讨论，选派代表发言。

预设：

角度一："我"是否去看菊花。

愤怒拒绝—勉强答应—与妹前往。

角度二："我"对母亲的态度。

忽略母亲—体谅母亲—铭记母亲"好好儿活"的教诲，怀念母亲。

角度三："我"对美好事物的态度。

破坏—无所谓—欣赏。

角度四："我"对生命的态度。

自暴自弃—比较积极—积极向上，明白了生命的意义。

2. 任务二：赏菊花，感知文化内涵

历代的文人墨客都喜欢把菊花作为歌咏描绘的对象，最终形成了独特的菊文化。不少诗词把菊花人格化，当作安于贫穷、不慕荣华、有骨气的人的象征。我们一起来看看诗文中的菊花吧。（提前让学生搜集整理。）

【多媒体展示】

  高洁：朝饮木兰之坠露兮，夕餐秋菊之落英。

  恬淡：采菊东篱下，悠然见南山。

  坚强：荷尽已无擎雨盖，菊残犹有傲霜枝。

  气节：宁可枝头抱香死，何曾吹落北风中。

  达观：今又重阳，战地黄花分外香。

古今中外，赞叹菊花的精神品质的佳句比比皆是，史铁生笔下的菊花高洁、淡雅、热烈而深沉。文中最后一段对菊花的描写，绘出了生命的真谛，不论经历多少坎坷磨难,都要用积极乐观洒脱的心态面对未来,活出自身的精彩,绽放生命的光芒。

【多媒体展示】

华语文学传媒大奖2002年度杰出成就奖得主史铁生授奖词

史铁生是当代中国最令人敬佩的作家之一。他的写作与他的生命完全连在了一起,在自己的"写作之夜",史铁生用残缺的身体,说出了最为健全而丰满的思想。他体验到的是生命的苦难,表达出的却是存在的明朗和欢乐,他睿智的言辞,照亮的反而是我们日益幽暗的内心。他的《病隙碎笔》作为2002年度中国文学最为重要的收获,一如既往地思考着生与死、残缺与爱情、苦难与信仰、写作与艺术等重大问题,并解答了"我"如何在场、如何活出意义来这些普遍性的精神难题。当多数作家在消费主义时代里放弃面对人的基本状况时,史铁生却居住在自己的内心,仍旧苦苦追索人之为人的价值和光辉,仍旧坚定地向存在的荒凉地带进发,坚定地与未明事物斗争,这种勇气和执着,深深地唤起了我们对自身所处境遇的警醒和关怀。

小结:史铁生听从了母亲的教诲,"好好儿活",走出了双腿瘫痪的阴影,活出自己生命的坚强;也带领着妹妹"好好儿活",活出了对亲人、对家庭的责任,他笔耕不辍,用文字向我们传达"好好儿活"的力量,传达这一份豁然达观,他活出了对社会、对人类的担当!

3. 任务三:读标题,品秋天的怀念

反观全文,让我们一起品读题目的含义。

【明确】

表层含义:文章回忆的往事发生在秋天,文章表达的是对母亲的怀念。

深层含义:"秋天"常常隐喻着生命的成熟、思想感情的沉淀;"秋天的怀念"暗示着作者经受过命运残酷的打击,经历过暴躁绝望的心理过程;在母亲去世后,在风轻云淡的秋天,在菊花绽放的时节,作者才真正体会到母爱的坚忍和伟大,懂得了母亲的期望,悟出了生命的意义。如果说,题目中的"怀念"直接指向母亲,那么"秋天"则蕴含着"生命"的意味。

五、拓展延伸,升华感悟

联系你的实际生活,你对"母爱"或"生命"有怎样的思考与感悟?

教师总结:从这篇文章中我们感受了无微不至的母爱,也感受到了史铁生对母亲深深的愧疚与怀念,更感受到了"好好儿活"带给我们的力量。菊花依旧,慈母却不在,子欲养而亲不待的伤痛是难以言说的。在我们有限的生命中,要珍惜亲情,珍惜拥有的一切,包括遇到的挫折与磨难,这都是我们人生中的宝藏,同时也要明确自己的责任与担当。希望同学们能够在生活中感受美好、创造美好,在磨难中豁然达观,不屈不挠。

课例评价

《秋天的怀念》是一篇感人至深的文章,字里行间都闪烁着优秀传统文化的光辉。作者从一些日常小事入手,在叙事中融入情感。在描写母亲时,主要通过一些细小的动作、神态以及小心翼翼的言语来刻画一位体贴入微、坚强不屈的慈母形象。面对母亲离世,作者并没有大肆渲染自己的哀痛,但我们在他平淡的叙述中,仍能感受到他内心的愧疚与自责。母亲的离世对于双腿瘫痪的"我"和未成年的妹妹来讲,无疑是巨大的打击,但兄妹二人都铭记母亲的教诲,一起好好活下去,这也是"孝"的体现。文章以"看花"贯穿全文,且是特定的菊花,这其中自然包含深意。"菊"是文人墨客笔下常见的意象,这就需要解析"菊"的象征意义,将"物"与"人"相结合,感知母亲带"我"赏菊的意图,从而感悟文章在表现至爱亲情的同时,对生命教育的探索。

执教者通过朗读带领学生对文章有一个整体了解,引出对母亲人物形象的分析,其次,在品析母亲带"我"看花这件事时,带领学生感受作者在母亲的关怀下所产生的变化,最后,拓展延伸,让同学们领悟"好好儿活"的含义。环环相扣,由浅入深,由实到虚,符合学生的认知规律。

在教学过程中,合理创设教学情境有助于学生融入课堂,积极思索,形成与作者的情感共鸣,感悟文章蕴含的深刻道理。从阅读技能的角度看,朗读仍是本单元学习的重要内容,教师应关注朗读教学与情感教育之间的联系,朗读教学是阅读教学的重要组成部分,有感情地朗读,能够调动听觉、视觉等感官,将课文中无声的语言化为有声有色、充满情感的语言,能有效唤起学生的情感体验,达到情感教育的目的。执教者以读入境,通过"感知文章内容,明确感情基调""感知情感起伏,明确节奏变化"两个具体任务和教师示范朗读来进行指导,在朗读中感受作者情感的变化,加强学生对文章主题的理解。

"学起于思,思起于疑","问题"是激活或唤醒思维材料的刺激因素,在教学活动中创设问题情境,能够调动起学生的主动性和积极性,激发学生学习的兴趣与动机。教师通过设置问题任务一步步引导学生明事、知人、悟情,做学生学习的引导者,将课堂交还给学生,通过学生的自主思考探究来提升学生的学习能力。

敬老慈幼,以彰有德
——《散步》课例研究

徐州市大龙湖中学　王　辉

为人父母天下至善,为人子女天下至孝。尊老爱幼是中华民族的传统美德,也是我国优秀的传统文化之一,它是一个家庭温馨和睦的前提。

课例背景

☞ 教材解读

《散步》一文选自部编语文教材七年级上册第二单元,该文作者是莫怀戚。本单元所选的课文都是围绕有关亲情和家庭生活展开,《散步》正是体现着浓浓亲情的一篇叙事散文。文章记叙了一家三代人在初春的田野上散步的"生活细节",表现出家庭成员之间互敬互爱的真挚感情,体现了中华民族尊老爱幼的传统美德。这是一曲温馨隽永的亲情之歌、伦理之歌、生命之歌。文章在折射出人性美的同时,字里行间还洋溢着浓浓的诗意美。质朴简洁的语言文字和温馨美丽的生活场景让我们沉醉其中,使得整篇文章极具审美价值。因此,本课在全套教材中的地位和作用不可忽视。新课标要求加强对学生进行优秀传统文化的教育,新课程背景下的语文教学该如何体现传统文化教育呢?这就需要我们语文教师在课堂主阵地上充分发挥师生双方在教学中的主动性和创造性,教学中努力体现语文课程的实践性和综合性,重视情感、态度、价值观的正确导向，重视培养学生的创新精神和实践能力，将优秀传统文化内化于学生的心灵，彰显于学生的行为，真正达到以文育人的效果。

👉 学情分析

本节课授课对象是七年级学生，此阶段的学生正处于学习和成长的关键时期，有强烈的好奇心和旺盛的求知欲，但对生活的观察不够细致，缺乏生活体验，由于社会上一些不良因素的影响，当前一些学生"尊老爱幼"的观念相对淡薄，没有形成正确的伦理观，责任担当意识还欠缺，因此需要进一步加强引导教育。再加上学生刚从小学进入初中，还没有摸索出适合自己的学习方法，因此对于课文的理解赏析存在一定的困难。但这个年龄段的学生善于表现自己，希望得到老师的关注表扬，因此，教师授课应采用形象生动富有感染力的语言调动学生的情感体验，用形式多样的教学方法来激发学生的学习兴趣，创设温馨和谐的课堂氛围。

👉 目标设定

（1）通过朗读和圈点勾画，感知课文，积累语言。

（2）通过抓关键语句精读课文，学习以小见大的写法。

（3）感受字里行间的亲情与责任感，体会中华民族尊老爱幼的传统美德。

👉 情境建构

导入阶段，可通过播放视频、歌曲，创设氛围，感染学生。讲授过程中通过教师范读、学生自读、诱导点拨等方法，让学生走进文本，在重难点的突破上采用合作探究法引导学生概括文章内容、赏析典型语句、总结文章主旨，仿写练习，达到明确文章"尊老爱幼"的优秀传统的目的，并使这一文化内涵深深扎根在学生心中，并延伸到自己的家庭生活以及对社会的关注。

课例描述

一、创设情境

播放央视公益广告视频《孝道》和阎维文歌曲《母亲》引入本文主题。

教师让学生回答《孝道》和《母亲》表达的主题思想,为本文讲解打下基础。(通过情境导入营造氛围,进行情感调适,激发学生的求知欲,进而为后面内容的学习搭建平台。)

二、读中寻美事

师:学好一篇散文,首先要能有感情地朗读,在朗读中寻找美好的情感,这就需要掌握一些朗读技巧(语调、语音、节奏、轻重、停连等),请大家听老师朗读。

教师有感情地范读课文(若有条件,尽可能找一曲匹配的轻音乐进行配乐朗读),使学生融入情境,更好地体验作品的语感和情感。(教师以"温情脉脉"的语气进行范读,使学生懂得"有感情地朗读课文"应该依据作者的思想感情顺势而成。)

师:下面同学们自由朗读,圈画出文中自己喜欢的语句进行展示,读的时候注意把握感情、语速、语调。然后教师指名读给其他同学听,大家一起评价。

生1:他读得很流畅,但是情感还不够,没读出春天的生机与活力。

师:那你觉得应该怎么读才能表现出春天的生机?

生1:我觉得可以重读"金色的""整齐的""水波粼粼"这几个词。

师:请你试着再读一遍。

生2:第三段我觉得要读得再慢一点,并且"太""总算""熬"这几个字要重读。这样才能表现我和母亲对春天来临的渴望。

师:请你读出这种渴望!

师:同学们读得真不错,课下一定要结合朗读技巧多读多练。通过课前预习和课上的朗读,同学们对文章都有了一定了解。那么这篇文章写了什么内容?

生:一家人在田野上散步,发生了分歧。儿子要走小路,母亲要走大路。我决定走大路,但母亲改了主意走小路。最后我背着母亲,妻子背着儿子,我们一起走了小路。

师:这位同学概括的非常全面!文中有一句话,可以更简短地交代本文发生的事情,是哪一句?

生齐答：我们在田野上散步：我，我的母亲，我的妻子和儿子。

师：是啊，这是一家四口在初春的田野上散步的故事，也是一个发生分歧又解决分歧的故事，更是一个彰显家庭温馨美德的故事，给我们美的感受。现在请同学们速读课文，说一说你在文中读出了哪些美好？（人物、景物、语言、写法等角度。）

三、说中品美情

生：我在文中读出了家人之间的亲情美，文中的"我"很孝顺母亲。

师：体现在哪里呢？

生1："我"劝说母亲跟我出去走走，希望母亲身体健康，"我"很孝顺。

生2：当产生分歧时，"我决定委屈儿子了，因为我伴同他的时日还长，我伴同母亲的时日已短。我说：走大路。"这句话中读出了"我"是个孝顺的人。

师：是啊，母亲毕竟老了，身体又不好，于是，在产生"走大路"与"走小路"分歧的时候，我决定"走大路"。

师：这种家人间的亲情美文中哪里还有体现呢？

生1：还体现在母亲对孙子的疼爱。我从"但是母亲摸摸孙儿的小脑瓜，变了主意：'还是走小路吧！'……我走不过去的地方，你就背着我'"这句中看出来的。母亲虽然一开始想走大路，但还是决定听孙儿的，这是她疼爱孙儿的表现。

生2：这里"摸摸"这一动词的使用，也能表现出母亲的慈爱。

师：你抓住了母亲的动作，非常好。一个人的性格特征是可以从动作和语言表现出来。

师：怎么能读出母亲的这种慈爱？

生：语速要慢一点，轻柔一点。

师：请你试试。（适时对学生进行朗读训练，读中体会。）

师：还有哪里可以读出亲情美吗？

生：妻子在文中一直没有发表自己的意见，一句在外面她总是听"我"的，我认为她是一个温柔贤惠、尊重丈夫的人。

师：一个慈爱的母亲，一个孝顺的儿子，一个贤惠的妻子和一个聪明的孙子,四个个性鲜明的人组成了一个幸福的家。同学们分析得真好啊！文中还有哪些美好呢？

生1：文中的景物也很美。第4段的景物描写，作者描绘了一幅非常有生机和活力的画面，表现了春天的生机勃勃。

师：是啊，"新绿""嫩芽"一看就让人想到春意盎然。在这么美的春天的原野上散步，会是一种怎样的心情呢？

生：一家人散步时的轻松、欢乐、祥和！

生：我感觉这里还有"我"对生命的热爱。

师：请你详细说说。

生："这一切都使人想着一样东西——生命。"作者从眼前的春天原野的景色联想到了生命，我认为这是对生命的热爱。

师：是啊，春天总是让人联想到生机与活力。"我"带着年迈的母亲走在这片春天的田野上，内心被眼前景物的勃勃生机而触动，发出了对生命的感慨！人观景，景动情，这也是景语衍生出了情语。

师：大家已经关注到了文中的情感美与景物美。老师想提醒大家，《散步》作为一篇清新优美的散文，让人读起来倍感温暖而又若有所思，这一切都离不开作者的遣词造句。文中有哪些词或者句子让你觉得美吗？

四、思中赏美言

生1："她现在很听我的话，就像我小时候很听她的话一样。"这句话写母子关系，母慈子孝。

生2："小家伙突然叫起来：'前面也是妈妈和儿子，后面也是妈妈和儿子！'我们都笑了。"这些语句充满了生活情趣，既体现了小孩的天真、聪颖，又体现了家庭的和睦、温馨。

生3："我的母亲又熬过了一个严冬"，"熬"既写出了母亲忍受痛苦度过严冬的情景，又写出了"我"为母亲最终安然无恙而庆幸的心情，同时也是对生命的尊重。

生4：课文有好多对称的句子，句式美，读起来朗朗上口。如"因为我伴同他的时日还长,我伴同母亲的时日已短""我的母亲要走大路,大路平顺;我的儿子要走小路,小路有意思"等。

师:同学们都做了认真思考,体会出了作者遣词造句的语言美。散步本是很平常的一件事,但因走哪条路产生了分歧,对于这看似微不足道的小事,如果处理不好,就会影响家庭和谐,造成矛盾。那么祖孙三代是如何解决这个分歧的呢?

生:"我"决定委屈儿子,走大路。但是奶奶决定照顾孙子的感受,走小路,最终在奶奶的坚持下,走小路。

师:当遇到不好走的路段,是如何解决的?

生:"到了一处,我蹲下来,背起了我的母亲,妻子也蹲下来,背起了我们的儿子。我的母亲虽然高大,然而很瘦,自然不算重;儿子虽然很胖,毕竟幼小,自然也很轻。但我和妻子都是慢慢地,稳稳地,走得很仔细,好像我背上的同她背上的加起来,就是整个世界。"

师:幸好祖孙三代都为对方想,形成了和谐的场景。那么这句话中"我背上的母亲和妻子背上的儿子加起来就是整个世界"该如何理解呢?

生:我背上的是母亲,妻子背上的是儿子,母亲给了我生命,我和妻子又延续了生命,生命就是一代代这样延续下去的。

师:回答的很有道理!母亲是我生命的源头,儿子是我生命的延续,生命的源头加上生命的延续,就是生命绵延的整个世界。而我作为中年人是中坚力量,承接着赡养老一代,抚养下一代的责任。一个家庭是这样,一个民族,一个国家也是如此。这就要求我们,平时要注意观察生活,用心感悟生活,再平凡的事情也能够发掘出深厚的主题,这就是"以小见大"的写法。通过《散步》这篇课文,你悟出了什么道理?

生:在家庭中,不论遇到什么事,应先考虑老人的感受,并照顾他们。

师:爷爷奶奶、爸爸妈妈辛苦了一辈子,拉扯我们长大不容易。文中的"我"决定顺从母亲而委屈孩子,这就是传统美德"孝"。奶奶决定走小路,体现的则是爱护孙子。尊老爱幼,是我中华民族的传统美德。但是当上有老,下有小,两者无法兼顾时,应该优先照顾老人。

生命因有了责任和担当而更显其厚度与重量,使人愈加敬畏,生命在《散步》中美得有活力,《散步》因分歧尽显孝道与和谐之美。愿大家都能做生活中的有心人,多多发现生活中的美,让我们的生活更加丰富、多彩。

五、学后写美文

家庭的给予,让我们坚信这世间充满了爱与善。沐浴着亲人的关爱,我们展翅飞翔,孩子们请拿出手中的妙笔,仿照文中"以小见大"的写法,来描绘你家里的温馨画面,以"爱"为因子,传承祖国的优秀传统文化吧!

课例评价

王老师《散步》这篇精美的散文课例可以从以下几个方面进行评析。

一、设计思路

在设计思路上,能充分研读语文新课程标准和教材,依据学生实际情况,紧扣单元主题和阅读要求,以事件"散步"为主线,关注文章的亲情美、景物美和语言美,注重语文工具性与人文性的并行发展;学生在阅读的情境中进入文本的探究,运用"自主、合作、探究"的学习方式,寻找美点;在此基础上,让学生联系生活,将自己的独特体验表达出来。

因此,这节课的教学围绕着"亲情"展开:教师范读,感知亲情;合作探究,品析亲情;拓展延伸,升华亲情,进而设计了"初读,读中寻美事""品读,说中品美情""思读,思中赏美言""悟读,学后写美事"四个环节,注重学生文本理解能力,语言概括及表达能力的培养,同时让学生在文本中感受浓浓的亲情,体悟生命与责任,学习中华民族尊老爱幼的传统美德。

二、教学目标的完成情况

(1)由于对教材的分析较为透彻,学生学情的定位比较准确,以央视公益广告视频《孝道》、歌曲《母亲》导入本课,创设氛围,引起学生的情感共鸣,学生很快融入课文情境,为课文的顺利讲解做了铺垫。

(2)教学过程按照感知—品味—延伸的方式进行,让学生由课堂到现实,使学生能够"学以致用",整个课堂氛围十分活泼,有利于学生接受。新课改革的理念在本课的教学中得以很好地贯穿,实施得也较为理想,"三维"目标的达成是令人满意的,知识与技能、过程与方法完成较好。囿于学生现阶段的生活体验,学生对中年人的深沉情感和家庭责任能有所理解,但没有亲身感悟,因而在教学中能注意引导学生在生活中感受亲情、珍爱生命,明确自己现阶段责任并力争做有责任有担当的人。

(3)学生在本节课的朗读较为到位,所有学生用心用情地朗读课文,为感知故事内容做了很好的铺垫。我们深感七年级学生的纯真和对知识的渴求,也相信学生的朗读水平会在老师的潜移默化的引导下提高。

(4)解读文本归根结底就是教师、学生、文本三者之间的对话过程。尊重学生的主体意识,鼓励学生在教师的指导下对文本进行个性化的解读与思考。在问题探究的过程中,教师采用了合作探究的学习方式,较大程度地发挥了学生学习的主观能动性。学生的发言积极,加之理解后再朗读感悟,对于文本的理解就更为深刻了。

三、由本课例引发的现阶段语文教学的思考

1. 重视阅读

七年级语文教学中要加强朗读指导,培养学生良好的朗读习惯。注重在多形式的朗读中发挥学生的主观能动性,营造朗读氛围,让学生愿读、乐读,为不同层面的学生提供展示的平台。同时努力做到"以读促学,以读促思",让学生在读中有所学、有所思。

2. 关注课堂、关注文本、关注学生

语文课堂的主导是教师,主体是学生,文本是联系教师和学生的纽带。作为主导者的教师,教学中应引导学生钻研文本,在主动积极的思维和情感活动中,加深理解和体验,使学生有所感悟和思考,受到情感熏陶,获得思想启迪,享受审美乐趣。要珍视学生独特的感受、体验和理解,把课堂还给学生,让学生充分展示。

第四编
说明文课例研究

阅读指津

说明文是一种以说明为主要表达方式的文章体裁,通过揭示概念来说明事物特征、本质及其规律性。说明文的中心鲜明突出,文章具有科学性、条理性、严谨性,语言确切生动。说明文实用性很强,它包括广告、说明书、提要、提示、规则、章程、解说词等。说明文有的是以时间为序,有的是以空间为序;有的是由现象写到本质、由主写到次的逻辑顺序行文的。一般分为事物说明文和事理说明文两种。

为了把事物特征说清楚,或者把事理阐述明白,必须有相适应的说明方法。常见的说明方法有举例子、分类别、做比较、列数据(列数字)、下定义、做诠释、打比方、摹状貌、引用、列图表等。

新课标中对说明文的要求是"阅读说明性文章,能抓住要点,了解文章的基本说明方法,注意领会作品中所体现的科学精神和科学思想方法"。其实阅读说明文只有把握文章的说明对象及特征,才能顺利地读懂文章的内容。一般来说,事物类说明对象的特征往往表现在形状、方位、构造、性质、成因、发展过程、制作方法以及效能功用等方面;事理类说明对象的特征常常体现在概念、种类、本质属性、内部规律及科学原理等方面。文本里面的文化因素可谓比比皆是。

文化传承课题组精选了三篇经典说明文,这些篇目有事物说明文《中国石拱桥》《苏州园林》,也有事物兼事理说明文《梦回繁华》。这些文本彰显了桥梁文化、园林文化,还有张择端用画笔记录的北宋繁荣的文化……

本编精选的三篇课例特别注重挖掘与说明对象有关的北宋历史文化、园林建筑文化、桥梁设计文化,还对劳动人们创造诸多文化的劳动人民巧夺天工的智慧进行歌颂,引发民族自豪感。这三篇课例宛如三颗明珠,把说明文教学的道路照得熠熠生辉。

徐州市娇山湖中学　张世芹

拱桥文化,灿烂辉煌
——《中国石拱桥》课例研究

徐州市大龙湖中学　王　辉

中国石拱桥,乃是千百万座中国桥梁中的杰出代表。千百年来,石拱桥遍布祖国山河大地,随着经济文化的发展而建造着、传承着,它们是中国古代灿烂文化的组成部分,是一份珍贵的遗产,显示着中国劳动人民的勤劳勇敢和卓越才能。

课例背景

教材解读

部编语文教材八年级上册第五单元从文体上看都是以说明事物为主的说明文,从题材上看,是有关中国文化题材的文章。在单元教材的编选上更注重题材内容的相关性。基于这样的认识,本单元课文的教学,重点应放在对文本内容及内容所反映的文化的理解上,学习这些课文可以使学生接触到多种知识、开阔眼界,激发他们对祖国文化的自豪感。

《中国石拱桥》是该单元的第一课,主要讲述了中国石拱桥的特点、优秀代表、中国人建成石拱桥的原因,赞扬了我国劳动人民的卓越才智。学习本文,要求学生把握作者是如何抓住事物的主要特征来介绍事物的,理清说明顺序、了解常用的说明方法。

👉 学情分析

新课标要求语文教师必须着眼于培养学生的综合素养,不能仅仅停留在机械的文本解读上。学生如果缺乏文化素养,就很难形成健全的人格,因此教师必须明确文化意识在语文教学中的重要性。

针对八年级学生的实际情况,他们在之前学过简单的说明文,但是在说明方法、说明思路上还不是很清晰,有待进一步提高。因此在本文的学习中,更加注重培养学生的互动探讨和自主学习能力,采用师生互动式教学。在学生作为学习主体的情景下,了解我国桥梁建设所取得的光辉成就,激发学生对祖国文化的自豪感和对聪明辛勤的劳动人民的热爱之情。

👉 目标设定

(1)通过阅读了解说明对象,把握对象特征,学习说明顺序和说明方法。

(2)揣摩语言,把握说明文语言准确、严密的特点。

(3)了解我国桥梁建设所取得的光辉成就,激发学生对祖国文化的自豪感和对聪明辛勤的劳动人民的热爱之情。

👉 情境建构

由于学生对于石拱桥的了解甚少,所以需要给以视觉感官上的冲击,上课前先出示一些石拱桥的图片,营造出惊叹好奇的学习氛围。为了达到本课的教学目标,突破重点和难点,再结合学生的实际情况,确定本节课教法的指导思想:明确学生在教学过程中的主体地位,倡导学生自主、合作、探究学习,在师生互动中掌握本课知识,对学生进行情感熏陶,增强对祖国文化的自豪感。

授课过程中的具体做法包括以下几点:

(1)自主学习法:对于文章的说明对象以及说明对象的特征等学生能够自己学会的知识,给学生表现的机会,在自学后展示即可。

(2)合作探究法:对于说明顺序和说明语言等一些学有所困的知识,让学生小组合作探究。

(3)启发诱导法:对于经过合作探究后依然质疑的问题,教师给以启发诱导解决。

通过以上多种学习方法,让学生深刻领悟文本内容,激发热爱祖国悠久文化的情感。

课例描述

一、创设情境,看拱桥

师:(多媒体展示各种各样拱桥的照片)这些桥有什么共同特点?你能结合自己的观察和理解,用一句话说说吗?(学生交流)

明确:拱桥是在竖直平面内以拱作为结构主要承重构件的桥梁。石拱桥的建筑材料是石材。今天我们就一起走进《中国石拱桥》,去了解中国辉煌的拱桥文化。

通过这个环节,学生对石拱桥既有直观上的认识,又明白了石拱桥在中国的悠久历史。

二、小组讨论,识拱桥

要求学生快速默读全文,边读边勾画关键语句,把握课文主要内容,互相交流。

设计意图:既是对文本内容的熟悉,也是培养学生提取关键信息的能力,为小组探究活动提出问题、解决问题做准备。

【多媒体展示】

(1)说出石拱桥的形状,中国石拱桥的共同特点是什么?在文中哪几个段落介绍的?

(2)文章为什么只重点介绍赵州桥和卢沟桥?

(3)试理清本文的说明顺序。

师明确:

(1)第2、3段介绍了中国石拱桥的总体特点:形式优美,结构坚固,历史悠久。

(2)因为这两座桥是我国千万座石拱桥中杰出的代表,具备石拱桥的共同特点,而且又各有各的特色,因此以赵州桥和卢沟桥为例很具代表性。

(3)文章先概括说明石拱桥的外形、结构和功用,然后指出中国石拱桥的总体特点,接着以赵州桥、卢沟桥为例,分别说明它们的独特构造和高度的艺术性,接下来说明中国石拱桥成就辉煌的原因,最后又综述我国桥梁事业,尤其是拱桥的新发展。

三、研读合作,赏拱桥

重点研读第4~8段,学生思考典型石拱桥的结构特点和说明顺序。学生从文中圈画关键词句,提炼概况。

【多媒体展示】

① 作者是按照怎样的顺序介绍赵州桥的?赵州桥的特点是什么?

② 画出赵州桥的示意图,并标上相应的数据。

这个环节以小组为单位,交流各自意见,梳理概况。

(1)按照地理位置、修建时间、结构特征的顺序来介绍赵州桥。先总述,后分述。

(2)赵州桥的特点:全桥只一个拱,长37.4米,桥洞像一张弓;大拱两肩上各有两个小拱;大拱由28道拱圈拼成;全桥结构匀称。其最突出的特点是大拱两肩上各有两个小拱,这是创造性的设计。

(3)示意图可在大屏幕上展示。

③ 学生齐读课文第4、5段,再次体会赵州桥的结构特点。

④ 学生齐读课文第6~8段后,总结出卢沟桥的特征。

明确:卢沟桥由11个半圆形石拱组成,每个石拱长度不一,自16米到21.6米。桥宽为8米,桥面平坦,几乎与河面平行。每两个石拱之间有石砌桥墩,把11个石拱联成一个整体,是一座联拱石桥。

全班讨论明确:赵州桥只有一个石拱,为独拱;卢沟桥有11个石拱,为联拱。两例并举,起互相对照和补充作用。

⑤ 学生细读课文思考:课文采用了哪些说明方法来介绍两座桥

的特点？有什么作用？

这个环节的设置，既是为了突破文章的重点，同时也让学生通过对说明方法的赏析，真正体会到中国石拱桥的特点，从而深刻感受先民们造桥时不管形式还是技术含量都是上乘的，激发学生对祖国人民的热爱之情。

（1）打比方。

如"石拱桥的桥洞成弧形，就像虹""桥洞不是普通的半圆形，而是像一张弓……"用"虹""弓"作对比，突出了石拱桥形式上的基本特征，形象生动。

（2）举例子。

作者为了说明中国石拱桥的特点，列举了赵州桥和卢沟桥两个例子。赵州桥是独拱石桥的代表，卢沟桥是联拱石桥的代表，且两座桥都世界闻名，具有代表性、典型性，令人信服。

（3）分类别。

如赵州桥："这座桥的特点是：（一）全桥只有一个大拱……（二）大拱的两肩上，各有两个小拱……（三）大拱由28道拱圈拼成……（四）全桥结构匀称……"分类说明，条理清楚，使读者对赵州桥的结构特点有了完整而清晰的印象。

（4）作引用。

如引用《水经注》里的"旅人桥"，说明我国石拱桥历史悠久；引用唐朝张嘉贞的赞语"制造奇特，人不知其所以为"，说明赵州桥设计施工的精巧；引用唐朝张鷟的赞语"初月出云，长虹饮涧"，说明赵州桥形式优美等。这些引用增强了文章的说服力和感染力。

（5）摹状貌。

如"这些石刻狮子，有的母子相抱，有的交头接耳，有的像倾听水声，有的像注视行人，千态万状，惟妙惟肖"一句用摹状貌和排比的手法，描绘石刻狮子的"千态万状"，说明了卢沟桥的优美装饰，突出了桥的形式美。

⑥全班齐读最后两段，思考回答：中国石拱桥为什么能有这么光辉的成就？它的发展又是怎样的呢？

讨论明确：主要原因是有了勤劳智慧的人民，才能有合乎科学原理的设计,开采出各种石料,并且在施工中施展巧妙绝伦的技术。我国石拱桥必将取得更加辉煌的成就。

四、师生同台,品拱桥

教师读第3段,读时故意漏掉"大约""可能""最""几乎",让学生体会文章用词的准确性和科学性。

学生分小组,以相同方式合作朗读第4、5段,体会说明文语言准确严密的特点。

五、畅所欲言,说拱桥

我国的石拱桥在古代就有辉煌的成就,在现代更有了突飞猛进的发展。

多媒体展示:"长虹大桥""双曲拱桥"以及近年来最新建造的拱桥图片。

学生交流,谈谈由桥的发展你有怎样的感悟,以感受改革开放以来桥梁事业的巨大成就。

课例评价

说明文在中学语文教材中一直占据着不可忽视的地位。新课标对于说明文阅读提出的明确要求,阅读说明性文章,能抓住要点,了解文章的说明方法。同时还指出,语文教学应培养学生正确理解和运用祖国语言文字的能力。丰富语言积累,培养语感、开拓学生思维,倡导自主合作探究的学习方法,注意领会作品中所体现的科学精神和科学思想方法。正是这种务实求实的科学精神才创造了祖国博大精深的文化,我们才有了文化自信。

《中国石拱桥》这篇文章语言简朴淡雅、理贯词达,处处流露出对劳动人民的智慧和力量的赞美,对祖国悠久文化的歌颂,实属说明文中的佳作。对于这篇文章,教师在教学时首先创设学习情境。由于学生对生活观察不够仔细,即使见到拱桥,可能也没有认真观察。为了让学生直观感性认识拱桥,上课伊始,教师通过多媒体展示一些拱桥图片。不同材质、不同结构的拱桥让学生产生了好奇心，同时也被拱桥的形状美所吸引，从而激发了学生探究问题、解决问题的兴趣和热情。

这篇课例在授课思路上非常清晰，符合学生对事物的认知规律，问题设置由浅入深，有层次，由看拱桥、识拱桥、赏拱桥、品拱桥、说拱桥五个部分构成。在充分发挥学生主体地位的体现上，学生能够根据老师的提示来自主解决问题，合作探究。说明文主要应给学生讲清楚说明对象、说明顺序、说明方法以及说明文语言特点，这篇课例没有把这几部分割裂开，而是在问题链的设置下一环扣一环地让学生去思考、体会、理解、掌握。课堂互动中，关注到了学生的知识基础、认知过程、思维方式、态度情感等方面的表现。

课例结尾，多媒体展示近年祖国建造的现代化桥梁，从60多年前举全国之力建一座武汉长江大桥，到现在1年建成数千座特大桥，全国桥梁总数超过100万座，大跨径桥梁居世界之首。"中国跨度"见证着中国跨越，这就是中国速度、中国力量。中国桥梁事业的发展已走出国门："中国创造"在世界。以此激发学生的民族自豪感、自信心，点燃为祖国之腾飞而励志学习的决心，这也是文化自信的体现。

建构活动，文化先行
——《苏州园林》课例研究

徐州市娇山湖中学　张世芹

课例背景

教材解读

《苏州园林》选自部编语文教材八年级上册第五单元，是叶圣陶写的一篇有关园林建筑艺术的事物说明文。文章高度概括了苏州园林的成就——无论站在哪个点上，苏州园林都是一幅完美的图画。文章还从整体到局部详细介绍了苏州园林的布局，分析了园林建筑的原理，情文并茂，趣味盎然。

学情分析

这是一篇引导学生步入说明文殿堂的典范之作。因为学生对园林文化了解不多，所以执教过程需要创设一定的文化意境，披文入境，品读苏州园林的生动的语言文字，读懂设计师的设计理念和苏州园林的布局特点，体会叶老对苏州园林的深情，从而激发学生热爱园林、探究园林的欲望。

目标设定

（1）创设园林文化意境，调动学生丰富的想象，感知园林的画意美。

（2）剖析本文准确、简洁、生动的语言，通过反复朗读品味园林文化内涵，体会文章的语言美。

(3) 借助资料,引导学生读出文字背后叶圣陶先生对苏州园林的深情,从而浸润滋养学生热爱中华园林文化的情感美。

情境建构

学生对园林文化较为陌生,为了调动学生学习的激情,设计了一系列活动:① 感知园林:创设我当导游情境,通过图片和视频,感知园林文化。② 走进园林:朗读课文,理清园林布局的逻辑顺序。③ 品读园林:品读语言文字,披文入境,体会园林设计理念和布局特点。④ 对话园林:走近叶圣陶,与他对话,体会作者对苏州园林深深的眷恋之情,激发学生探究园林的愿望。

课例描述

活动一:感知园林

1. "我"当导游

(1) 去过苏州园林的学生展示自己拍摄的照片,抓住"妙趣天成"的自然之美,有侧重点地解说。

(2) 没去过苏州园林的学生展示自己下载的图片,建议把苏州园林的图片和其他园林的图片对比解说,突出苏州园林的特征。

生汇报:此处活动学生已经感受到地域不同,园林文化也不同。

耦园图片:古朴典雅,古色古香;镂空雕刻,隔而未隔。不知庭院深深深几许。

狮子林图片:假山池沼,有山有水。人道我居城市里,我疑身在万山中。

故宫图片:对称,宏伟博大。

拙政园图片:自然,错落有致。

北京颐和园:五彩斑斓。

苏州园林:灰瓦白墙的古朴典雅。

2. 我看视频

观看苏州园林录像,感知苏州园林浑然天成的美。

活动二：走进园林

(1)初读文本(第1~2段)，标画：苏州园林给作者留下的整体印象是什么？苏州园林的设计理念是什么？

(2)默读第3~9段，概括每一段的主要内容。思考这些自然段顺序能否颠倒？为什么？

(3)理清逻辑顺序。先从四个主要方面说明：亭台轩榭的布局，假山池沼的配合，花草树木的映衬，近景远景的层次；再从三个细微方面说明：角落的布置，门窗的雕琢，油漆的调配。

(4)合作探究：

① 细读第3~6段，标画所绘景物，思考具体设计时如何体现"图画美"这一理念的？

② 合作探究"布局""配合""映衬""层次"四个词语用得是否精准？

"亭台轩榭"是园林中的主建筑，分布范围广，风格类型一致，用"布局"最能说明全局性和整体性。

"池沼"在园林景色中主要起连通、映照作用，园林中大小不一、相互关联的若干景点，用"配合"一词最为恰当。

"花草树木"美在千姿百态的形态组合和万紫千红的光色辉映，因而用"映衬"。

"近景远景"不是园中的单一的、某一类，而是同一方向的景色整体画面，所以说"层次"。（结合园林文化引导学生理解。）

活动三：品读园林

(一)品读文本通俗易懂的语言

明白：比较和比方是说明文语言通俗易懂的两个技巧。

1. 找出打比方的句子

(1)游览者来到园里，没有一个不心里想着口头说着"如在画图中"的。

(2)池沼里养着金鱼或各色鲤鱼，夏秋季节荷花或睡莲开放，游览者看"鱼戏莲叶间"，又是入画的一景。

(3)有几个园里有古老的藤萝，盘曲嶙峋的枝干就是一幅好画。开花的时候满眼的珠光宝气。

2. 找出做比较的句子

（1）我国的建筑，从古代的宫殿到近代的一般住房，绝大部分是对称的，左边怎么样，右边也怎么样。苏州园林可绝不讲究对称。

（2）假山的堆叠，可以说是一项艺术而不仅是技术。

（3）苏州园林与北京的园林不同，极少使用彩绘。

3. 找出比较和比方同时使用的句子，简要评析优点

（1）倘若要我说说总的印象，我觉得苏州园林是我国各地园林的标本，各地园林或多或少都受到苏州园林的影响。（标本：① 动植物或矿石样品；② 枝节标本；③ 医学分析的组织切片、血液、粪便；④ 某一类事物可以作为代表的事物。）

（2）我想，用图画来比方，对称的建筑是图案画，不是美术画，而园林是美术画，美术画要求自然之趣，是不讲究对称的。

（3）没有修剪得像宝塔那样的松柏，没有阅兵式的道旁树；因为依据中国画的审美观点看，这是不足取的。（准备视图）

4. 判断这一段话的说明方法

有墙壁隔着，有廊子界着，层次多了，景致就见得深了。可是墙壁上有砖砌的各式镂空图案，廊子大多是两边无所依傍的，实际是隔而不隔，界而未界，因而更增加了景致的深度。有几个园林还在适当的位置装上一面大镜子，层次就更多了，几乎可以说把整个园林翻了一番。

引导：有墙壁隔着，有廊子界着，层次多了，景致就见得深了。可是墙壁上有砖砌的各式镂空图案，廊子大多是两边无所依傍的，实际是隔而不隔，界而未界，因而更增加了景致的深度。有几个园林还在适当的位置装上一面大镜子，层次就更多了，几乎可以说把整个园林翻了一番。

多媒体播放廊子设计视频。（渗透园林文化）

学生有感情地朗读。

（二）品读游览者的独特感受

学生自读课文，标画游览者独特的感受。

(1) 只觉得身在山间。

(2) 又是入画的一景。

(3) 这就一年四季不感到寂寞。

(4) 感到无限的繁华和欢悦,可是没法说出来。

(5) 就极小范围的局部看,也能得到美的享受。

(6) 谁都要赞叹这是高度的图案美。

(7) 更显得各种花明艳照眼。

(8) 没有一个不心里想着口头说着"如在画图中"的。

(三) 品读游览者产生独特感受的原因(渗透审美文化)

学生讨论交流。

归纳:苏州园林的设计理念——无论站在哪个点上,都是一幅完美的图画。

设计者的独特构思:生平多阅历,心中有丘壑。

游览者的价值追求:追求天人合一;在尘出尘、居世出世。

活动四:对话园林

(一) 拜谒作者

叶圣陶(1894—1988),原名叶绍钧,字秉臣、圣陶,1894年生于江苏苏州。现代著名作家、教育家、文学出版家,有"优秀语言艺术家"之称。

(二) 创作动机

园林佳辑(陈从周教授编撰的《苏州园林》图册),已多年珍玩。拙政诸图寄深眷。想童时常与窗侣嬉游,踪迹遍山径楼廊汀岸……——《洞仙歌》

(本文是看图写话,是叶圣陶75岁大病初愈后为陈从周教授摄影集《苏州园林》所作的序言。)

(三) 真情告白(彰显家国情怀)

苏州园林是客观的存在,但是流露在我笔端的苏州园林,不仅融入了我的审美理想、艺术情趣和新奇视角,更融入了我对家乡割舍不掉的深深情愫。作为欣赏者,我不仅留意园林的艺术美,更在乎心灵深处眷恋故乡的深情。我用我的真情生发了意趣,灵动了文字,感染了读者。

学生齐声感情朗读,要求把所有的"我"换成"您",体会作者深深的情愫。

苏州园林是客观的存在,但是流露在您笔端的苏州园林,不仅融入了您的审美理想,艺术情趣和新奇视角,更融入了您对家乡割舍不掉的深深情愫。作为欣赏者,您不仅留意园林的艺术美,更在乎心灵深处眷恋故乡的深情。您用您的真情生发了意趣,灵动了文字,感染了读者。

(四)质疑园林

学生提出疑问:

(1)苏州园林据说有一百多处,您到过的不过十多处,为何就得出设计者和匠师们的一致追求呢?

(2)第3段园林是美术画,而不图案画,第8段为何又高度赞叹这是高度的图案美?

(五)释疑解惑

可是苏州各个园林在不同之中有个共同点,似乎设计者和匠师们一致追求的是:务必使游览者无论站在哪个点上,眼前总是一幅完美的图画。

整体布局上追求自然之趣,不讲究对称,是美术画;而局部,门窗上的图案,是工笔对称的图案画,诸多镂空的图案,达到"隔而未隔"之功效,还增加了景致的深度。二者相辅相成。

【课后作业】

走进名著:读《红楼梦》第十七回,摘抄描写"大观园"亭台楼阁、假山池沼、花草树木的片段,看看大观园有着怎样的特点,与苏州园林比较异同。

走向世界:园林,在人类历史中出现得很早,经过发展,形成不同的园林体系。苏州园林,只是中国园林的标本。当今世界,是开放的世界。请你查阅资料,找到西亚和欧洲古典园林的特点,与苏州园林比较异同。(探究园林文化)

课例评价

在教学说明文时,要引导学生关注知识背后的语言文字和表达方式,关注作者崇尚的文化自信以及折射出来的人文情怀与科学精神。这是说明文教学的基石，也是说明文教学的价值追寻。

从上面的课例研究来看，张老师在《苏州园林》一文的教学中，确实努力彰显了这一教学价值追寻，并采取了以下教学策略。

1. 培养阅读情趣

说明文平实通俗的特点决定了课堂的情感投入度，课堂应该以严谨准确为主，其出发点就是上说明文的课只能是风平浪静，哪管底下的汹涌澎湃。事实上，再客观冷静的叙述或严谨科学的文字，也不可能不包含着作者的情感。教师需要发掘课文的情感因素，带领学生与文本对话、与作者对话，去启迪智慧、体验情感。

我们一起来看叶圣陶的"苏州园林"情结。叶圣陶是苏州人，青少年时期常和好友游览苏州园林，因此对苏州园林的情趣和特征有深刻的体会。1979年初，著名园林专家陈从周教授邀请叶圣陶为他的一本《苏州园林》图册作序，叶圣陶慨然允诺。序文最初发表时以"拙政诸园寄深眷——谈苏州园林"为题，意为深切地怀念拙政诸园。园林中的一草一木、文章里的一字一句，都饱含着叶圣陶对苏州园林浓浓的情结，写满了叶圣陶（写这篇文章时75岁）50多年的人生牵念。读懂了这一层，才能更好地理解文章既从大处落笔，又从细处描摹，以简明朴实而又准确传神的语言再现了苏州园林的图画美，展示了设计者和匠师们过人的智慧和高雅的艺术情趣。

张老师读懂了叶圣陶先生对苏州园林的文化自信。在她的眼里，《苏州园林》一文处处灵动着散文般的审美意境和情感体验。她从"美"开始，引领学生走进苏州园林，引领学生主动探寻园林之美，引领学生以一个发现者、研究者、探索者的身份亲历学习过程，极大地满足了学生的心里需要，让他们充分体验到探究性学习的乐趣。

2. 创设语言情境

知识与能力是一只鸟儿的双翼，在教学中，我们要千方百计创设说明情境，让学生运用习得的说明知识练习说明事物。

在教学中，张老师深谙：不是不要方法，而是不要所有的课堂、所有的文本都成为文体知识大聚餐。不专门讲说明文文体知识，并不等于忽略说明文的文体特点。说明文教学的立足点在于让学生理性地"悟得"与感性地"习得"。怎么"悟得"？怎么"习得"？以说明方法为例，通过感知有关的比较和比方，让学生朦胧地感受说明方法；通过品析词句，让学生形象地感受说明方法；通过拓展练习创造性地转化课文语言，巧妙地让学生习得说明方法。要知道，有意为之，反而是出力不讨好；化于无形，当为上策。

3. 建构教学活动

活动是人存在和发展的基本方式。在教学活动中，学生是学习实践活动的主体。在本课的教学设计中，张老师打破了传统的"抓特征、理顺序、找方法、品语言"的说明文教学思路，通过感知园林、走进园林、品读园林、对话园林等活动，构建动场，逐步深入，既符合学生学习的需要，又与文本的解读方法相契合。

【活动一：感知园林】 "我当导游"这一主题，就是让学生成为学习的主人，主动去发现苏州园林的美，并学会传达这种美。发现，让学生学得愉快；愉快了，他们就会喜欢语文课，喜欢语文老师。这样，才能取得良好的教学效果，也才是人性化的教学。从学生的兴趣出发，从语言的锤炼入手，既调动了学生的学习兴趣，又紧贴学生言语的习得规律。

【活动二：走进园林】 历来介绍苏州园林的文章，或从建筑学角度写，或从园林历史写，或从导游角度写，各尽其妙。而叶圣陶的《苏州园林》从欣赏者的角度，抓住苏州园林的特点，层次清晰地做了全面、精到的介绍，因而"走进园林"这一活动，重在从整体上把握苏州园林的特征，而这也是说明文教学的基本点。

【活动三：品读园林】 设计这一活动，有三个考虑：第一，在整体把握苏州园林特点的基础上，理清了文章的思路。正如叶圣陶先生所说，大凡读一篇文章，摸清作者的思路是最要紧的事，按作者的思路去理解，理解才能透彻。这篇文章采用总说与分说相结合的写法，既突出了被说明事物的特点，文章结构又显得清楚，可以给学生很好的借鉴。第二，"品文本通俗易懂的语言、品游览者的独特感受、品游览者产生独特感受的原因"等三个小的学习步骤，既和文章的写作顺序相契合，又是品读欣赏园林的方法。第三，这一活动始终没有离开对语言的品味和感悟,坚守了语文教学的"语文味"。

【活动四:对话园林】 介绍作者,一般采用以下方式:叶圣陶(1894—1988),原名叶绍钧,字秉臣、圣陶,江苏苏州人。现代作家、教育家、文学出版家。作品收于《叶圣陶集》。如此介绍平铺直叙,没有波澜,缺少情感。张老师设计的"与作者面对面"活动,除了让学生了解到作者的基本情况,还准确把握了文章的写作动机,有利于全面深入地理解文章,让学生对他、对他的作品产生兴趣,从而喜欢这一课,愿意学这一课,甚至由此喜欢说明文,喜欢语文课。

张老师在《苏州园林》一课的教学设计中,非常注重并积极创设适宜的活动目标、活动内容和活动策略,通过适时、适度、有序、有效的学生主体性活动,化解教学的重点、难点,实现了"教学活动化、活动教学化"。

穿越历史,梦回繁华
——《梦回繁华》课例研究

徐州市新元中学　张雪芹

课例背景

中华民族有着五千多年的文化积蕴,传统文化更是其间的中流砥柱。传统文化包罗万象,有人生哲学、民俗宗教、道德修养、文化经典等。初中语文课本中收录了许多经典文学作品,其中蕴含着丰富多彩的传统文化。下面结合初中语文课文《梦回繁华》,发掘其中的传统文化精髓,让学生在传统文化中自由徜徉,感受传统文化魅力,在学习传统文化的基础上积极发挥文化传承作用,汲取其中的正能量。

教材解读

《梦回繁华》选自部编语文教材八年级上册第五单元,是一篇介绍我国宋代著名画家张择端创作的画作《清明上河图》的说明文。《清明上河图》这幅画作不仅描绘了北宋时期都城汴京繁华而热闹的市井景象,还描绘了汴京近郊清明时节优美的自然风光,形象地反映了北宋城市的变化和经济的繁荣,社会文化气息多彩而浓厚。画中人物众多,牲畜、船只、房屋楼宇、车、轿、树木等数不胜数。面对如此广阔恢宏的画卷,作者先从创作背景、创作动机进行介绍,接着分三层从画作材质(绢本)、着色和尺幅介绍了画作的主体内容,最后总结了画作的艺术特点和社会价值。

总览全文,作者在介绍《清明上河图》时,中心非常突出,强调了这幅画作所要表现的"梦回繁华"这一主题。为了凸显主题,作者没有从绘画技巧的角度做过多的介绍,而是紧扣这幅画描绘的内容,将北宋时期汴京城的"繁华"尽量表现出来。这样的构思,可以帮助非美术专业的学生更好地了解《清明上河图》的主要内容以及这幅画作的深层意义。

☞ 学情分析

学生在美术课和历史课上,可能接触过《清明上河图》。我们可以根据学生已有的知识积累,再适当补充一些介绍《清明上河图》的文字资料,发掘其中的文化精髓,让学生在文化中自由徜徉,感受文化魅力,在学习文化的基础上积极发挥文化传承作用,汲取其中的正能量。在教学中,注重指导学生采用不同的阅读方式,让学生更好地理解课文。在介绍画作时,注意选取的说明视角和写作方法,让学生能够更好地感受这幅画作的价值,更好地收到优秀传统文化的熏陶和感染。

☞ 目标设定

(1)首先通过浏览课文,理清本文脉络,初步感受北宋社会文化,提升学生的阅读素养。

(2)通过细读,品析本文介绍画卷的方法,感受本文语言的特点,培养学生的自读能力,提升学生的审美能力。(重难点)

(3)通过质疑,感悟作者的写作意图,激发学生对于中华传统文化的热爱。(难点)

☞ 情境建构

创设情境,培养学生朗读习惯,采用多种朗读方法,培养学生自主、合作、探究的学习方式。

具体做法如下:

(1)情景设置法——激发感情,引起兴趣;创设朗读情境,以情传情,感染学生。(利用多媒体)

(2)合作讨论法——拓展资料,交流心得。

（3）朗读展示法——多种形式朗读展示，丰富学生的阅读体验。

其中，合作讨论法是本课最主要的学习方法。在课前大量资料积累准备的前提下，让学生以自主合作讨论的学习方法，走进文本深处，感受传统文化背景下的北宋繁华。

课例描述

一、浏览全文，初步感受北宋社会风貌及文化

要求：结合注释，浏览全文，概括各段段意，梳理本文说明顺序。

方法指导：学生先自主找出各段对结构和内容起关键作用的句子，后小组合作讨论。

第1段介绍的是画卷的创作背景，关键句是"张择端的《清明上河图》便是北宋风俗画作品中最具代表性的一幅"。

第2段的关键句是"正是他们回首故土、梦回繁华的写照"。介绍的是作者画这幅画的历史背景以及作者的生平。

第3段总体介绍了清明上河图的绢本、设色、纵横等内容，关键句是第一句。

第4段具体地介绍了梦回繁华，即清明上河图的内容。第一层是画面开卷处，描绘的是汴京近郊的风光。第二层是画面中段，描绘的是汴河两岸的繁华情景。第三层是画作后端，描写汴梁市区的街道。详写的是第二层，即画作的中段是最繁华的情景，也是最精彩的部分。

第5段写了作者对于清明上河图的评价。关键句是"画中丰富的内容，有着文字无法取代的历史价值，在艺术表现的同时，也是为12世纪中国城市生活状况留下了重要形象资料"。

小结：找到关键句之后，会对本文有一个清晰的把握，接下来看本文的脉络图。就全文来讲，从创作背景到作者、到画卷的内容、到艺术特色和历史价值，这应该属于逻辑顺序。在具体介绍画卷的时候，它分了开卷、中段和后段，

这属于空间顺序。逻辑顺序和空间顺序相结合,有总有分,有详有略,做到了层次清晰,条理分明,非常难能可贵。

二、细读重点段落,全面了解当时社会风貌及文化

要求:重点朗读第 3、4 段内容。

方法指导:学生先自主进行比较阅读,后小组合作讨论,明确答案。

(1)问:比较阅读下文内容与课文第 3 段内容,说说不同。

"张择端画的《清明上河图》是画在绢上的,再进行着色,长二十多厘米,宽五百多厘米,整部好像是乐曲,节拍清晰分明。描绘了汴京城内外的景象。"

明确:

① 原文介绍更为精确。老师描述得不够详细。课文的 24.8 厘米变成了二十多厘米。

② 原文用"纵"和"横"比"长"和"宽"更为文雅,老师改得有些简略。

③ 原文体现了说明文语言的准确性。

④ 原文好,因为改后的语句不符合逻辑,无法体现说明文逻辑上的严谨性。

⑤ 原文照应了第 4 段的各部分,非常有条理。

⑥ 原文体现了说明文语言的条理性,顺序不能随便颠倒。

小结:老师修改后的句子描写不够优美。原文运用了比喻,更加生动优美。把整个画卷比作乐章,用音乐的由慢到快比喻长卷的由疏到密,而且饱含音乐的艺术性,更能给人一种艺术的感受。在说明文中,这属于打比方的说明方法,能使说明语言非常生动、形象。说明文语言有那么多的特点,本文也体现出来了。

(2)这是一篇自读课文,自读课文有的有批注,有的没有批注,例如今天所学的《梦回繁华》就没有,我们可以在阅读过程中进行补充。那么如何给文章做批注呢?

以下老师为第 3 段各句做的批注。

第一句主要是对内容的理解。第二句是对结构的提示,总领第 4 段各部分内容。第三句可以进行语言的品析。还有一个角度,大家可以去任意地感受,谈一下自己的阅读感受,这也是对第 3 段的一个小结。

下面就运用这种做批注的方法,来细读第 4 段。选择自己最喜欢的一个层次来进行批注,并交流分享。

例如:第 4 段第一句。首先可以知道画卷描述的是汴京近郊的风光,而且是由远及近描写的,既写出了城郊的风光,又让人感受到北宋时期传统清明节中悲凉的气息,使人仿佛身临其境。

最喜欢的是对画卷中段的详细描述……其中还运用了对比的手法……使之成为全画的高潮。

画卷中段的一座拱桥……其中"宛如飞鸿"运用了打比方的说明方法,使人感受到拱桥的做工之精细和北宋劳动人民非凡的智慧。

开卷处的描绘。因为运用了很多四字词语,概括力强,使人仿佛身临其境,而且语言典雅有韵味,读起来回味无穷。如描写城郊是疏林薄雾、农舍田畴、春寒料峭,是一种精炼典雅之美;在描写城内街市时用了 18 个四字词语,就把整个汴梁城的繁华景象描绘了出来,描摹得非常生动逼真。画卷每一个部分四字短语的使用是从少到多的,与画面的整体内容相契合。我们读的时候应该怎么读?就像书中所说的,由慢板柔板逐渐进入快板紧板。我们来尝试一下,共同感受一下北宋时期唯美的景象和繁荣文化。

后段汴梁市区的街道。因为运用了举例子和摹状貌的说明方法,使人感受到北宋时期的繁华。先总体说明,再局部描写,有总有分,能使画面转化为生动的场景,非常适合在一幅画卷中使用。

小结:课文的第 3、4 段介绍画卷内容时整体概说与具体描摹相结合,摹状貌的说明方法,大量四字短语的使用,做到了结构之美、层次之美、详略之美、点面之美、逼真之美、生动之美、动静之美、对比之美、典雅之美、精炼之美、节奏之美、疏密之美……

三、提出质疑,深入了解北宋社会风貌及文化

让我们走出画卷,就全文的任何一处,提出质疑,与作者对话、与文本对

话。如：题目为什么叫《梦回繁华》而不叫《清明上河图》？

梦回繁华既体现了北宋时期商业的繁荣发展，"梦回"二字又体现了张择端对于京城及其整个社会风貌的感情。作者起这样的名字也是以张择端创作清明上河图的出发点为参考的，就像文中所说，张择端是想通过盛世的假象来掩盖内忧外患，点出了张择端的创作心情和创作动机。

作者主要描绘了京城汴梁从城郊、汴河到城内街市的繁华景象。引出了张择端在创作这幅画时的创作动机，而且"梦回繁华"还能让我们产生对曾经繁华的赞叹，对失去繁华的伤感以及对重回繁华的渴望。

作者在介绍这幅画时，并没有仅仅局限在介绍《清明上河图》本身，而是介绍了此幅画作的时代背景以及作者和他的创作动机。故宫博物院研究室原副主任余晖曾说过，欣赏艺术作品，不能平面解读艺术作品，而应该去立体地解读。要结合时代背景，探寻作者的创作动机，这样才能够更深层次地揭示作品背后的真正思想内涵。

小结：本文作者是深层挖掘、立体解读，非常难能可贵！这也是我们欣赏所有艺术作品的方法，我们不能仅仅局限于一个画卷或画面，而应该立体地去解读。

（四）结束语

《清明上河图》是中华民族文化的瑰宝，也是民族的骄傲，我们应该进一步地了解它。仅仅靠一篇文章是远远不够的，这个画卷的背后还隐藏着许许多多的"张择端密码"等待我们去解读。课下请阅读有关清明上河图的故事，如《解读清明上河图》《谜一样的清明上河图》。

课例评价

这堂课有清晰的教学思路。课程分为"浏览全文，初步感受北宋社会风貌及文化""细读重点段落，全面了解北宋社会风貌及文化""大胆质疑，深入了解北宋社会风貌及文化"三个板块，层层推进，思路清晰，教学有序。

这堂课时时关注技能训练。概说文章时，训练学生找出各段对结构和内容起关键作用的词和句,并给出示例。第一段应找出"北宋时期、繁荣局面""张择端的《清明上河图》便是北宋风俗画作品中最具代表性的一幅"等句。这些词和句点出了历史背景文化,引出了本文要说明的对象——《清明上河图》。如此便有效地训练了学生如何确定哪些是关键词和句。"学习如何做批注"从分析内容角度、分析关键句作用的角度、语言品析的角度、自己的阅读感受等方面对学生进行做批注的训练,使得学生在实践中习得了技能。

这堂课精心考虑"积累丰富"。积累四字词语,并做归类,分析出"精炼典雅之美""生动之美",增加对四字词语的理解,再从结构之美、层次之美、详略之美、点面之美、逼真之美、生动之美、动静之美、对比之美、典雅之美、精炼之美、节奏之美、疏密之美等多个角度,深入体会,使学生获得丰厚的词语积累。

这堂课充分显示,说明文的课堂也可以让学生感受到传统文化之美。当然,在课堂教学过程中,显然会因为紧张、时间等因素,使一些课堂活动未能有效展开,因此不妨在内容上再做取舍,使活动能够更深入更有效地开展,学生的技能习得更加牢固。

第五编
议论文课例研究

阅读指津

议论文是以议论为主要达方式，以解论说理为基本内容，晓之以理的文学体裁。议论文教学是中学语文教学的重点之一，通过议论文教学可以引领学生深入社会和人生，训练辩驳思维，发展思维能力，提高认识水平。

《义务教育语文课程标准（2022年版）》明确指出，（教会学生）阅读简单的谈论文，区分观点与材料（道理、事实、数据、图表等），发现观点与材料之间的联系，并通过自己的思考，作出判断。新课标为议论文教学指明了方向。我们在议论文教学中力图围绕文、情、理三者展开，即对文本的理解、对情感的表达、对过程的剖析，为大家的议论文教学提供借鉴。

本编所选的三篇文章内含自强不息、刚健有为的进取精神，报国忧民、先公后私的爱国情操，这是中华传统文化思想体系中重要的组成部分。《最苦与最乐》一文中"负责任是人生最大的痛苦，尽责任是人生最大的快乐"引领孩子们进行人生责任感的思考；《敬业与乐业》一文进一步引导学生领悟敬业的真正内涵，启发他们如何过有意义的人生；《中国人失掉自信力了吗》一文不仅可以培养学生强烈的责任感和爱国心，更能培养学生良好的人生观价、价值观、世界观。

走进课堂，不仅可以加深对议论文文体的把握，培养学生理性思辨的意识，更是能通过这三篇自成体系的文章获得文化的洗礼和理性思考。

徐州市第三十六中学　马艳林

儒佛统一，辩证智慧
——《最苦与最乐》课例研究

徐州市潘塘中学　陈　涛

课例背景

教材解读

痛苦和快乐，是人类永恒的话题。哲人志士有不少精彩的论述，平常百姓也有许多深刻的思考。梁启超的《最苦与最乐》一文，思想深刻，格调高雅，语言凝重，既有儒家的进取精神，又有佛家的超凡智慧，读来脍炙人口，掩卷沁人心脾，实在是不可多得的精品。部编语文教材七年级下册引用本文，可以说是对学生的一次思想的洗礼。

文章的论点是一对姊妹命题：负责任是人生最大的痛苦，尽责任是人生最大的快乐。以联言命题做文章论点的情形比较少见，一般只在论述一对范畴（如"勇敢与怯懦""真诚与虚伪"）时才如此。值得注意的是，这里"最苦与最乐"的所指"负责任与尽责任"，不是两个迥异的或对立的事物，而是同一事物的两个阶段，两种状态，两种境界。这种辩证思维所把握的有机联系使全文的议论浑然一体。

"负责任是人生最大的痛苦，尽责任是人生最大的快乐"这一论点包含了两个分论点：负着未了的责任是人生最大的痛苦，尽了责任是人生最大的快乐。作者将论证的重点放在"快乐"的反面"痛苦"上面,先论证"负责任是人生最大的痛苦",再来论证"尽责任是人生最大的快乐"。

文章开篇用了一连串的排比设问,提出了关于人生最大痛苦的许多答案——贫、失意、老、死,并一一加以否定,然后提出了自己的观点:人生最大的痛苦在于负着未了的责任。接下来,作者进一步指出负责任的种种情况和由此产生的痛苦状态。对于负责任的具体情况,这里指出了承诺未办,欠钱未还,恩惠未报答,得罪人未赔礼几种,这几种情况都是生活中常见的,易于被读者所理解和接受。由此而生的痛苦情况是不敢见面或梦里有影子缠着。然后将负责任的情况延展到对家庭、社会、国家乃至自己,使议论更加深入。这里运用的是归纳论证。虽然归纳论证的论证强度较低,但由于有了前面演绎论证的保障,这里的归纳论证使意义更加丰富,更加饱满,更有张力。

在论证"负责任是人生最大的痛苦"的基础上再来论证"尽责任是最大的快乐"也就容易了,作者只增加"从苦中得来的乐才算真乐"这一论据,便水到渠成。

至此,两个分论点已经证明,文章似乎可以结束了。但作者知道,一些读者的思想上还有一个结没有解开:既然负责任是痛苦的,那么不负责任不就没有痛苦了吗?为了解开这个结,作者设立了第三个分论点,即"人生应当勇于负责,而不应当逃避责任"。其正面理由是"责任越大,痛苦越大,快乐也越大"。其反面理由是"责任是逃避不了的"。这两个方面互相支持,使论证更加有力。

学情分析

《最苦与最乐》是一篇论证严密的议论文,作者从责任之尽与未尽,谈人生的最苦与最乐,鼓励人们勇于负责,学习待人处事的正确态度。文章在结构上论证严密,语言流畅而又凝练,同时给人以思想品德的教育,进行人生责任感的思考。对于七年级的学生来说,学习议论文有很大的意义,训练严密的思维能力和语言表达能力是本课学习的重点。而对于责任感的体验和思考,学生还很浅薄,加之当前思想品德教育不力,学生责任意识淡薄,责任感不强,逻辑思维能力不足。因此,促进学生对人生观的思考,对责任的思考将是教学的难点,能有所突破将会功德无量。

目标设定

学习目标:

(1) 通过解读题目,理解文章内容,理清作者阐明观点的思路。

(2) 学习文章流畅而又凝练的语言。

(3) 领会作者对人生价值的思考。

重点难点:

(1) 训练严密的思维能力和语言表达能力。

(2) 对人生观的思考,对责任的思考。

情境建构

文章风格既凝重又轻灵。凝重,是梁启超文章的一贯风格。作为戊戌变法的领袖之一,作为近代中国颇有影响的大学者、大思想家,他拥有远见卓识和思想文化的深厚修养。他的忧国忧民、以天下为己任的热烈情怀形成了凝重的语言风格。

本文所谈的话题是关于人生观的大问题,谈论起来多一份审慎,多一份深思熟虑。作者将自己对人生的深刻思考娓娓道来,如与人促膝相谈,语重心长。文章虽然如话家常,但读来却使人感到句句教诲,字字叮咛。这些都是儒家文化、佛家文化于文字中的传承。例如:"独是凡人在世间一天,便有一天应该做的事;该做的事没有做完,便像是有几千斤重担压在肩头,再苦是没有的了""凡属我自己打主意要做一件事,便是现在的自己和将来的自己立了一种契约,便是自己对于自己加一层责任。有了这责任,那良心便时时刻刻监督在后头""那仁人志士的忧民忧国,那诸圣诸佛的悲天悯人,虽说他是一辈子苦痛,也都可以"等成为本文的又一特色。

课例描述

一、导入谈话

痛苦与快乐是人类永恒的话题,苦乐观是一种人生观,每个人都有自己的

苦乐观。那么,著名思想家、学者梁启超在本文中是怎样论述自己的苦乐观的?(板书课题)

明确:作者没有一般地谈苦与乐,而是把论题集中在"最苦与最乐"上。

(在"最"字下加点。)

二、快速阅读,整体理解

(1)人生什么事最苦?作者是怎样得出答案的?

(2)人生什么事最乐?作者是怎样引名言来论述的?

(3)人们应该怎样对待责任?

要求:请学生在书上呈现出自己阅读以后的思维导图。

明确:全文一共分为三个部分。这三个部分环环相扣,由浅入深,层层递进。

(1)第一部分论证"负责任是人生最大的痛苦"的观点。

文章开篇用一串排比设问,提出了"贫""失意""老""死"这些关于人生最苦的许多答案,并一一否定,然后提出自己的观点:人生最大的痛苦,在于背负未来的责任,给人一种水到渠成之感。第3段作者从具体的情境开始论述,列举了"承诺未办、欠钱未还、受惠未报、得罪人没有赔礼"这四个日常生活中常见的例子,启迪读者认识"未尽责任"将会有怎样的痛苦。

(2)第二部分论证"尽责任是人生最大的乐"的观点。

"翻过来看,什么事最快乐呢?"这句话是一个设问句,紧接上文,引出"责任完了"是人生第一乐事。作者以"苦中得来的乐,才算是真乐"来证明"尽责任是人生最大的快乐"这个分论点。人责任尽完时的快乐程度取决于责任的轻重、负责任的日子的长短,日子越长久,责任越重大,到结束时快乐的程度就越深,它们之间的关系相辅相成的。"然则"一词的意思是"既然这样,那么","这样"是指上文所论述的"从苦中得来的乐,才算是真乐"的观点,从而引入了对孟子"君子有终身之忧"的观点,告诉我们他的"忧"实则就是尽责任,这是更深层次的苦与乐。

(3)第三部分论证"负责任就能得快乐"的观点。

最后一个段落,是对全文的总结。作者在此段运用了对比的手法,卸却—解除;两三岁小孩没有责任就没有苦—成人有责任就会有苦;尽大责任得大快乐—尽小责任得小快乐;尽不同大小的责任就得不同大小的快乐—躲责任就陷入无边苦海。运用对比的手法,说明了"人生应当勇于承担责任,而不能逃避责任",鼓励人们勇于负责,学习待人处世的正确态度。

总结:综观全文,依据行文线索,我们读懂了作者的写作意图,就是启示读者:若得最乐,担尽责任。"乐"是人共同追求的人生目标,而"担尽"则是促成目标所需的实际行动。简而言之,我们要心系祖国,并付诸"该做和能做"的实际行动中。将"苦""乐""责任"三个词语的思辨根植在了学生心中。

三、精段研读,品味语言

研读第4段,明确如下要点:

(1)"然则"过渡衔接词语。

联系前一段的"翻过来看",理解衔接严密的特点。

(2)"为什么孟子又说'君子有终身之忧'呢?"——设问句、句中引用名言。

联系第1、3段开头的设问,体味大处着笔、语言凝重的特点;孟子的话"终身之忧"与前面"苦后是乐"的说法似乎不一致,要正确理解。

"曾子还说哩"叙述语句,带上了语气助词"哩"。

(3)"那仁人志士的忧民忧国,那诸圣诸佛的悲天悯人"是对偶句。

从内容角度体味凝重;从词句的容量角度体味简练及思辨特点。

(4)"苦中真乐"——苦乐观。

与"苦乐循环"、与"尽责任"联系起来看,体现佛家"乐与苦本是互相对待而安立"的观点。

从名言引用看思维:课文共引用了三句名言。

第一句孔子的"无入而不自得"。

意思是:君子无论处在什么境遇里都能保持安然自得。

第二句孟子的"君子有终身之忧"。

意思是:君子有终身的忧虑。

第三句曾子的"任重而道远,死而后已,不亦远乎"。

意思是:肩负重大的使命,要跋涉遥远的路途,到死方休,不是很遥远吗?若浮于表面,我们就会觉得梁启超说话前后矛盾。

总结:事实上,孔子的"无入而不自得"强调的是君子尽责之乐;而孟子的"君子有终身之忧"则强调君子担责之苦;那曾子的"任重而道远,死而后已,不亦远乎?"则强调尽责需要有"契约"的精神。担责苦,尽责乐。如此看来,万事万物都是互相转换的。正所谓冰心所说:痛苦和快乐相辅相成,愿你用足够的云翳来造就美丽的黄昏。此时的"苦",就是彼时的"乐"。"大抵天下事,从苦中得来的乐,才算是真乐。……这种苦乐循环,便是这有活力的人间一种趣味"诸如此类道理,梁先生以辩证的思维来分析看待,来教育影响学生。作者用儒佛统一的观点,形成辩证的思维,帮助学生便能参透学习生活。让他们能够有静定之心,坦然面对生命。如此,人生自是有很有乐趣了。

四、联系生活,思考讨论

(1)联系学校生活、家庭生活中自己的感受,谈谈你对文章中"苦乐循环"一句话的理解。

(2)"知足常乐"的说法与本文中讲的苦乐观是否一致?为什么?

(3)你所希望的最大的快乐是什么?你认为如何实现?

(要求联系生活实际,鼓励各抒己见。)

五、课后研习,整理心得

(1)搜集整理与第3、4段中的名言警句意思相近的格言、俗语、名句,注明出处,试试证明作者的苦乐观。

(2)写一篇心得体会。

课例评价

于漪说:世界上各民族的语言都是其本民族的文化地质层,他们无声地记载着这个民族的物质和精神的历史。学语言,必然与文化血肉相连。如果不能挖掘出语言文字所构成的文化特征和意蕴,只将其作为简单的信息符号来处理,那么汉语丰盈的文化内涵、灵动的文化精神就会在文言教学中枯萎、流失。

  本文的语言风格凝重,却并不呆滞,而是轻捷自如,有一股灵动之气。这种灵动表现为各种不同句式、各种不同表达方式、各种不同辞格等的灵活运用。就句式而言,有陈述,有设问,有反问,有感叹;有肯定句,有否定句;有主动句,有被动句;有"把"字句,有述宾谓语句。就表达方式而言,有议论,有叙述,有抒情。就修辞而言,有设问、反问、排比、比喻、引用等。单就引用而言,文章就用到了古语、俗语和名人名言,而且每次引用的具体表达都不一样。例如:引用"如释重负"时,作者说"古语说得好";引用"心上一块石头落了地"时,作者说"俗语亦说";引用"任重道远""死而后已,不亦远乎"时,作者用了"曾子还说哩"。一个"哩"字,轻灵之气何其足也!有时又把引用和论证的话语十分自然地结合在一起,例如:"孔子所以说'无入而不自得',正是这种作用""然则为什么孟子又说'君子有终身之忧'呢?"

  本文是梁启超文章的基本风格,一篇《少年中国说》把这种风格表现得淋漓尽致。当然,由于本文没有《少年中国说》那种强烈的抒情色彩,因而也不如《少年中国说》写得汪洋恣肆,但同样不改其流畅的风格。从责任之未尽与尽,谈人生的最苦与最乐,鼓励人们勇于负责,学习待人处事的正确态度。文章在结构上论证严密,语言流畅而又凝练。特别是运用了儒家的名言,诠释了佛家的哲理,用儒佛统一辩证的智慧给人以思想品德的教育——对国对民,对社会对自己的责任感,本文是功德无量的。

敬业乐业，国之传统
——《敬业与乐业》课例研究

徐州市新元中学　张雪芹

近代中国，国人的职业观受传统儒家文化影响，向来是"万般皆下品，唯有读书高"。人们的读书目的是"学而优则仕"，渴望"朝为田舍郎，暮登天子堂"。当时，这种官本位的文化，蔑视普通职业，尤其是体力劳动。人们多以出人头地、显亲扬名为人生目标。因此，梁启超的"敬业"说，有着矫正世风、改良国民性的积极作用。

课例背景

☞ 教材解读

《敬业与乐业》选自部编语文教材九年级上册第二单元，是梁启超先生1922年对上海中华职业学校学生做的一次讲演。文体是议论文，文章主旨鲜明，论证严密，层次清晰，论据充分，语言平易，体现了高超的说理艺术。

文章一开始，作者就引用国人熟悉的儒家经典《礼记》和道家经典《老子》中的格言，开宗明义地提出了"'敬业乐业'四个字，是人类生活的不二法门"的中心论点。接下来，从中心论点分出三个分论点，分别谈论"有业""敬业""乐业"的重要性。最后，用"责任心"和"趣味"升华文章主旨。"敬业乐业"的前提是"有业"。作者先引用孔子的话和百丈禅师的故事，得出"百行业为先，万恶懒为首"的结论,强调"有业"是做人之本。在论证"敬业"问题时,先用朱熹的"主一无适便是敬",解释"敬业"的含义就是专心致志、心无旁骛。接着,提出"业有什么可敬呢?为什么该敬呢?"的疑问,并从"人"和"事"两方面予以回答。因此,"我们对于各种职业,没有什么分别拣择"。至于该做哪一种劳作,全看"才能何如,境地何如"。只要"做一种劳作做到圆满,便是天地间第一等人"。于是,他又设问:"怎样才能把一种劳作做到圆满呢?"并回答"唯一的秘诀就是忠实","是敬"。庄子、孔子、曾文正的名言,木匠与政治家、挑粪工与军人的比较,都是为了强调一个道理:"所以敬业主义,于人生最为必要,又于人生最为有利。"仅有"发愤忘食"的"敬业"还不够,"乐以忘忧"的"乐业"才是人生更高的境界和价值。论述"乐业"重要性时,作者先从司空见惯的"做工好苦呀"的叹气声中谈起,指出人生在世,做任何事情都要淘神费力;对于无法逃避的事,与其"皱着眉头、哭丧着脸去做",不如寻找出乐趣。"我老实告诉你一句话……为什么呢?"这句设问下面,列出了四个理由。这四个理由,浸适着深刻的人生体悟和哲理,相信任何一个曾经专注于某项工作或事务的人,都会有同感和共鸣。文章最后,作者言简意赅地把"敬业与乐业"总结为"责任心"和"乐趣",强调"人类合理的生活总该如此",呼应开头,强化了中心论点。

学情分析

新课标指出,语文课程还应通过优秀文化的熏陶感染,提高学生的思想道德修养和审美情趣,使他们逐步形成良好的个性和健全的人格。部编教材的初中语文课本中,也收录了不少经典文学作品,其中蕴含着丰富多彩的文化因子。

中国传统儒家文化是一种有等级色彩的文化,中国人的职业观向来是"万般皆下品,唯有读书高",人们的读书目的又是"学而优则仕",渴望"朝为田舍郎,暮登天子堂"。这种"官本位"的传统政治文化,蔑视普通职业,尤其是体力劳动。人们多以出人头地、显亲扬名为人生目标。因此,梁启超的"敬业"说,有着矫正世风、改良国民性的积极作用。

在《敬业与乐业》教学过程中,需要引导学生注意,"业"并不局限于狭义的职业。正如作者所言:"凡可以名为一件事的,其性质都是可敬。"因此,

"敬业与乐业"的意义,就不只限于正式的谋生职业,也可以指生活中任何一件有价值的事情;不只限于成人的工作,也可以包括学生的学习。指出这一点,可以扩展作者主张的适用范围,也有利于学生联系自己的生活体验来学习本文。

而理解"敬业"精神,这是本课的一个难点。我们可以结合中国传统儒家文化的特定背景,来领会作者提倡"敬业乐业"的良苦用心。同时,《敬业与乐业》一文中引用了大量的孔子的言论,体现了传统儒家思想中的敬业精神。如以仁为业、博施济众的奉献精神;自强不息、刚健有为的工作风貌等。爱岗敬业是中华民族的传统美德,只要我们在岗一天,就应该认认真真、踏踏实实地完成自己该完成的工作,自觉践行社会主义核心价值观!

目标设定

(1) 朗读课文,结合传统文化背景,品味、领悟敬业与乐业的精神。

(2) 结合议论文文体特点,梳理论证思路,理解文章的中心论点。

(3) 了解"敬业乐业"的重要,以及怎样才能做到敬业与乐业。

情境建构

在你的学习过程中,是否能做到全神贯注、心无旁骛呢?你怎样才能把学习当一件乐事呢?为此,梁启超先生提出了"敬业与乐业"的生活原则。创设情境,培养学生朗读习惯,采用多种朗读方法,培养学生自主、合作、探究的学习方式。具体做法如下:

(1) 情景设置法——激发感情,引起兴趣;创设朗读情境,以情传情,感染学生。(利用多媒体)

(2) 合作法——拓展资料,交流心得。

(3) 朗读展示法——多种形式朗读展示,丰富学生的阅读体验。

其中,朗读展示法是本课教学最主要的方法。让学生以多种形式进行朗读展示,走进文本深处,在中国传统儒家文化的特定背景下,领会作者提倡"敬业乐业"的良苦用心。

课例描述

【第一课时】

(一)作者及其文体简介

1. 作者简介

梁启超,中国近代著名的思想家、学者。字卓如,号任公,别号饮冰室主人。其著作编为《饮冰室合集》。

2. 写作背景

这篇文章是作者作为大学教授给学生作有关人生与事业演讲的演讲词。当时,作者经历无数政治风波后退出政坛,赴欧洲考察,了解到西方社会的许多问题的弊端,回国后即宣布西方文明已经破产,主张光大传统文化。

3. 文体简介

本文是一篇演讲词。演讲是多以口语、短句的表达方式面对听众,就某一问题发表自己的观点,属于议论文体,因此要注意把握议论文的三要素及其议论文的结构。议论文三要素:论点、论据、论证。

结构:提出问题(引论)—分析问题(本论)—解决问题(结论)。

(二)初读课文,整体感知

(1)自由朗读,划出生字难词。解释下列词语,并给加点字注音。

注:中引用大量的文言短语、词汇,学生结合课下注释理解掌握,体会儒家传统文化的政治思想主张。

敬业　乐群　佝偻　承蜩　浪荡　游思
旁骛　亵渎　骈进　强聒不舍

(2)学生范读课文,整体把握文章的内容和结构,思考下列问题。

① 本文的论点是什么?在文章的哪部分提出来的?

本文的中心论点是"我确信'敬业乐群'四个字,是人类生活的不二法门"。它在文章的开头部分提出来的,体现了儒家思想中的敬业精神。

② 作者在文章中先后谈了哪几个问题?这几个问题与中心论点之间存在

什么关系?

作者先后谈了"有业之必要""要敬业""要乐业"三个问题,接着又阐述了中心论点与分论点的关系。

(三)研读课文

学生根据议论文的结构,理清文章的结构。

明确:

第一部分(第1段):揭示全篇论述中心。

第二部分(第2~8段):论述敬业和乐业的重要。

第三部分(第9段):总结全篇,勉励人敬业乐业。

(四)课堂小结

【第二课时】

(一)新课讲授

(1)学生默读课文,勾画作者在论述"有业"时举了哪些例子?

明确:孔子和百丈禅师。

(2)学生朗读第6、7段。课文论述了"敬业"的重要。

思考:作者怎样阐述什么叫"敬"? 如何论述怎样才能做到"敬业"?

明确:作者阐述什么叫"敬",引用了朱子的名言"主一无适便是敬"后,紧接着解释:"凡做一件事,便忠于一件事,将全副精力集中到这事上头,一点不旁骛,便是敬。"然后顺理成章地论述凡人类的正当劳动、正经的事,"其性质都是可敬"的,并举"当大总统"与"拉黄包车"这两件事加以证明,侧重点在"凡职业没有不是可敬的","因自己的才能、境地,做一种劳作做到圆满,便是天地间第一等人"。(我们可以结合中国传统儒家文化的特定背景,来领会作者提倡"敬业乐业"的良苦用心。)

第7段论述怎样才能做到"敬业",先引用《庄子》中的语句并作阐述,再举木匠做成一张好桌子和政治家建设成立一个共和国,以及挑粪的把马桶收拾得干净和当军人的打败一支压境的敌军这两组例子,说明无论做什么都要"丝毫不肯分心到事外"(即"敬业")。接着从反面论述"一个人对于自己的职业不敬"的害处,指出"敬业主义,于人生最为必要,又于人生最为有利",并引用庄子、孔子的名言,进一步强调敬业的重要。(儒家思想中的敬业精神,如以仁为业、博施济众的奉献精神;自强不息、刚健有为的工作风貌等。爱岗敬业是我们中华民族的传统美德,只要我们在岗一天,就应该认认真真、踏踏实实完成自己该完成的工作。)

(3)学生齐读第8段。本段论述"乐业"的重要。

思考:作者举了怎样的例子来论述"乐业"的重要,又是如何论述"乐业"这一道理的?

明确:作者先剖析了生活中常会遇到的感叹"做工苦"这个实例,说明要"从劳苦中找出快乐来",很自然地点到了"乐业"的"乐"。接着更深入一步,论述"乐业"的道理,分四点说明"凡职业都是有趣味的",这是作者的经验之谈,令人信服。紧接着又引用孔子的两句名言进一步证明"人生能从自己职业中领略出趣味"(即"乐业"),"生活才有价值","这种生活"才算得"人类理想的生活"。

(二)合作探究

(1)怎样理解"业"的含义?

明确:"业"不局限于狭义的职业,可以指生活中任何一件有价值的事情;不只限于成人的工作,也可以包括学生的学习。

(2)作者在文中说"劳作便是功德,不劳作便是罪恶",你如何看待这种说法?

明确:作者的这种说法值得质疑。人类或个体的生活,并不都只有"劳作","休闲"也是人生的重要内容。正如"不是为了吃饭而生活"一样,人也不是"为劳动而生活"。

(3)作者在文中提到"合理生活"应如何理解?

要有一份正当的职业,对于所做的事情要生出敬意,从而认真地做好,并在做事中发现了乐趣,而不是发牢骚。

(4)怎样深入理解"敬业"精神?

敬业,就是要热爱自己的事业,要干一行,爱一行,不能蔑视普通职业,尤其体力劳动。

（三）课外拓展

（1）作者在论述敬业与乐业之前先说的是"有业之必要"，你认为人人都必须有"业"吗？结合生活现实说几条理由。

（2）作者说"凡职业都是由趣味的"，你同意吗？既然这样，对于跳槽现象你如何看待？

（教师鼓励学生积极参与讨论，充分发表自己的见解。）

课例评价

在执教《敬业与乐业》一课前，我的教学设想是引导学生掌握演说词的特色，理解议论文的有关知识以及作者的精妙构思，通过文章中引用的大家熟悉的儒家经典和道家经典中的名言警句，对学生进行传统文化的熏陶的同时，体会作者梁启超"敬业与乐业"的良苦用心。主要的授课方法是将课堂交给学生，让学生自由发挥，培养自主解决问题的能力。因此，我在授课过程中以读为主，采用各种诵读的方式，为引导学生从读中感受传统文化的魅力，领悟文章的内涵，在学生每一次不同形式的诵读前都设计了一个关键性的问题，让学生在解决问题的过程中获得相关体会与感受。

从学生的课堂反应来看，这种设计模式获得了不错的效果，在结合中国传统文化背景的同时学生更透彻地把握了文体知识，情感目标也得到了实现。学生从作者的观点联系到了自身实际，更把视野聚焦到了当代社会的"天下第一等人"身上，热爱自己的事业，干一行，爱一行，不蔑视普通职业，尤其体力劳动。

不足在于我在授课过程中力求完美，因此在引导的途中面面俱到，课堂容量增加，课程结束得有些匆忙，课堂驾驭能力还有待提高，力争收放自如。在引导学生的过程中，我还应注意语言的简洁性与思路的清晰度。

在今后的教学中，我会一如既往地将课堂留给学生，让他们的自主学习能力得到更好的锻炼；并继续挖掘拓展文本中的中国文化因素，使之对学生的思想和行为产生积极影响，促进学生的进步。

革命传统,文化自信
——《中国人失掉自信力了吗》课例研究

徐州撷秀初级中学　王伶俐

课例背景

教材解读

《中国人失掉自信力了吗》写于"九一八"事变三周年之后,中国近代本来就国运积弱,屡遭凌侮。"九一八"事变又在许多中国人心中投下失败的阴影,国内悲观论调一时甚嚣尘上。当时《大公报》发表社论,指责中华民族失去了自信力,试图为国民党反动政府推卸责任。针对这一观点,鲁迅先生凭着对社会现状的洞悉,发出了中国人当自信自强的呐喊。写这篇文章之前的一个月,鲁迅先生就发烧,肺病已相当严重。文章写完之后的两个多月,他写了《病后杂谈》一文,还致信杨霁云,自称是在敌人和"战友"的夹攻下的"横战",病情的恶化和精神的压力,并没有影响他对世事的热忱和关注。这两篇文章后收入《且介亭杂文》(《鲁迅全集》第6卷),属鲁迅后期杂文。

中华民族几千年来孕育出的文化自信似乎在当代青年心中动摇了,这是很可怕的事情。青年是国之栋梁,民族之脊梁。如果一个国家的青年对本国文化失去了自信,这个国家就没有未来。《中国人失去自信力了吗》一文抨击了那些懦夫,那些自卑、自欺、自怜的分子,极大地矫正了国人自信心渐颓的心理。

21世纪的今天,中国经济腾飞,国力强盛,早已摆脱任人欺凌的命运,但是文化自信却不可思议地落到了谷底。可能正好印证了两千多年前老子说的"福祸相依"的思想吧。过于陶醉在物质生活的快感中,忽视了精神上的磨炼。这便给了包藏祸心的敌人可乘之机,利用中国青年人无比脆弱的文化情结,对中国展开了疯狂的文化进攻。这种进攻猝不及防,防不胜防,悄无声息地已占据战略制高点,并继续开展纵深的扫荡工作,企图渗透到每一个犄角旮旯里,最终征服整个神州大地。这次没有硝烟的战争,以《中国人失掉自信力了吗》这篇文章取得了精神胜利。

学情分析

《中国人失掉自信力了吗》选自部编语文教材九年级上册第五单元。九年级学生具有强烈的求知欲和好奇心,知识上有了一定的积累,对社会生活也有了一些独特的体验和看法,有表达个人观点展示自我的强烈欲望。在教学中让学生成为自主、合作、辩论的探索者和体验者,有利于培养他们的自主学习能力。这篇文章不仅要教会学生议论文的写法,更重要的是培养学生强烈的责任感和爱国心,培养学生良好的人生观价、价值观、世界观。

目标设定

1. 学习目标

(1) 通过自主、合作、探究的学习方式,学习作者巧妙严谨的论证思路,提高学生的理性思维能力。

(2) 品味语句,体会尖锐犀利、富于战斗性和嘲讽意味的语言特点。

(3) 领悟鲁迅先生的爱憎分明,感悟作者笔下"中国脊梁"的形象,增强学生的民族自信心,激发学生为祖国美好的明天而奋斗的决心。

2. 教学重难点

(1) 教学重点。

① 学习本文先破后立、破立结合的驳论方法。

② 理解重要词语和语句的深层含意,体会鲁迅的忧患意识和爱国精神。

(2) 教学难点。

① 掌握反驳论证的方法。

② 品析作者语言的犀利如刀和热情似火。

情景建构

我国有经久不衰的儒家文化,有超脱自然的道家思想,有独一无二的孝道和礼义,有天纵奇才的李白,还有悲天悯人的杜甫。我们不仅有仁义礼智信最美好品德,还有温良恭俭让的优秀品质。但是我们的士兵缺乏对这些"武器"的了解和热爱,缺乏对他们的温情和敬畏,自然就没有勇气扣下"扳机",更没有战胜敌人的信心!

我们有了太多太多,多的好像供过于求,这些美好的文化似乎成了价值量很低的商品,在青年心中分量很低。青年人不去了解本国文化的内涵与真谛,自然无法唤醒他们对中华文化的自信。这样的结果是,当外国的文化进攻时,我们内心的文化信心会动摇,甚至会消失。因此他们信地信物信国联也不自信,求神拜佛,自欺欺人。

现在到了生死存亡之秋,战士们都拿起了枪,能否扣下扳机,反击敌人,收复故土,还于旧都,就看今日吾辈之青年,能否怀揣自信之心,铸就不屈之灵魂。

中国文化深沉而内敛,它不张扬、不卖弄,它很朴实很自然,与西方文化相比,中国文化魅力不在表面,而在深层次、骨子里。因为它的含蓄与深沉,一些懵懂的青少年更愿意接受外国暴露、直接的文化。我们要做的是鼓励青少年真正了解、认识、享受中国文化,而不是浅尝辄止,囫囵吞枣。只有真正与文化水乳交融,才能真正树立起文化自信。

课例描述

一、课前导入,出示目标

教师引言:上课之前,老师问大家一个问题:你是个自信的人吗?(生答)同学们,自信是走向成功的基石,是战胜困难的利剑,是到达理想彼岸的舟楫。

有了它，就迈出了成功的第一步。希望这节课，我们都能充满自信地投入学习中，演绎属于我们的精彩，好吗？

二、初读，读出悲观失望

1. 了解时代背景

多媒体展示背景资料：

1934年9月25日，日本帝国主义的铁蹄践踏了东北三省之后，又向关内步步紧逼，一时间，亡国灭种的危险迫在眉睫。在当时极具影响力的《大公报》也发出哀叹："民族的自尊心与自信力，既已荡然无存，不待外侮之来，国家固早已濒于精神幻灭之域。"悲观失望的情绪影响了一部分中国人的头脑。于是，有些人散布悲观论调，说中国人失掉了自信力。为了批驳这种错误论调，鼓舞民族自信心，鲁迅先生在"九一八"事变三周年之际，用他饱含激情的笔触写下了这篇战斗檄文——《中国人失掉自信力了吗》。

（师板书，故意少写一个"吗"字。）

2. 一读题目，读出悲观失望

在学生指出这个题目写漏了语气词"吗"之后，请一位学生朗读一下这个题目。教师引导学生用悲观、失望的语气来读。

3. 速读课文，理解文意

请同学们放声朗读课文，边读边想：说"中国人失掉自信力了"是谁的观点？问"中国人失掉自信力了吗"又是谁的观点？

明确：说"中国人失掉自信力了"是国民党反动派及其御用文人的观点；问"中国人失掉自信力了吗"是鲁迅先生的观点。

三、品读，读出辛辣嘲讽

1. 分析敌论据，读出嘲讽之味

教师引言：国民党反动派提出这一观点的论据是什么呢？请大家找出敌方的论据。

明确：两年前总自夸"地大物博"，不久只希望国联，现在一味"求神拜佛"

怀古伤今了。

教师引言：同学们，由这些论据得出结论——中国人失掉自信力了似乎无懈可击。事实果真如此吗？现在我们来看看，文中的"我们有人"指的是谁呢？

明确：① 国民党反动派。② 国民党反动派及其御用文人。从前两段文字中，能看出反动政府怎样的嘴脸。

明确：这两段文字写出了国民党反动派洋洋自得、炫耀的嘴脸。（请一位同学读出这种丑陋的嘴脸。）既然是写丑恶的嘴脸，就应该读出嘲讽、戏谑的语调来，这样更能凸显鲁迅语言的泼辣、犀利。

从哪些词语里读出这种讽刺意味？能具体分析一下吗？

明确："总"字写出了反动政府自我炫耀、夜郎自大的情态，感觉自己国家很富有。"九一八"事变之后，日本帝国主义的铁蹄已经践踏了我国东三省，山河破碎，民不聊生，国民党政府还在夸耀地大物博，真是可悲啊！

谁能用声音再现出他们夜郎自大的情态？一生读，教师指导朗读。

明确："一味"体现了国民党政府万般无奈之下只有祈求鬼神的心理，把反动政府软弱无能之态揭露得淋漓尽致。请一生再读，读出讽刺的味道。师生合作共读，全体学生读第一段，读出嘲讽的味道；教师读第2段，读出悲观失望之意。

2. 探究批驳方法，读出辛辣之味

从刚才的分析中知道了"中国人失掉自信力了"是敌论点，那么鲁迅先生是怎样批驳的呢？

明确：用批驳对方的论证来批驳敌方的论点。具体说来，他们信"地"、信"物"、信"国联"，都没有相信过自己。这是"他信力"，而非"自信力"，所以说论据不能证明论点。

自信就是相信自己，而反动派信"地"、信"物"、信"国联"，都没有相信过自己，那怎么能说中国人失掉自信了？他们失掉的是什么？

明确：失掉的是"他信力"。"他信力"是作者仿造"自信力"新造出来的一个词，我们称这种手法为仿来的一个词，我们称这种手法为仿拟。作者仿造这个词的作用是嘲讽了反动统治者自欺欺人、一味把救国的希望寄托在国联身上。

指导学生把这种辛辣嘲讽的味道读出来,让学生在朗读中感悟鲁迅先生蕴涵在文中的感情。作者还从哪个方面批驳了敌方的观点?

明确:中国人现在是发展着自欺力。"自欺力"和"自信力"一字之差,也属于仿拟,同样表达的是对敌方辛辣的讽刺。

请一位同学把这种辛辣的味道读出来。

3. 二读题目,读出愤慨之情

从刚才的分析中我们知道了国民党反动派失掉的是"他信力",发展的是"自欺力",根本和自信力无关。因此,鲁迅先生发出了这样的疑问:中国人失掉自信力了吗?(在板书上补充"吗"字。)

明确:文题补充完整后,是一个反问句,表达的意思更强烈,再读这个题目的时候,应该用愤慨、激愤的语调来读。

请一位同学朗读之后,全班齐读,读出愤慨之情。

四、赏读,读出自信自豪

1. 品析作者观点,读出扬眉吐气

这个反问句表达的意思是中国人没有失掉自信力。这是鲁迅先生的观点。这一观点在哪一段里出现的?请一位同学来读一读。(生读第6段。)

作者是怎样提出这一观点的?

明确:和国民党的悲观论调恰恰相反,鲁迅先生用"然而"这个转折连词旗帜鲜明地提出了自己的观点——我们有并不失掉自信力的中国人在。

请一位同学再读一遍,说说这句话用什么样的感情读。

师指导朗读:请大家深吸一口气,读出扬眉吐气的自豪感。这里"我们"要重读,"中国人"要字字有力。

2. 分析中国脊梁,读出赞美之情

作者是怎样证明自己的观点的呢?

明确:鲁迅先生说,"从古以来,就有埋头苦干的人,有拼命硬干的人,有为民请命的人,有舍身求法的人,……"这些人,都是充满自信力的人,都是中国的脊梁。这里,作者深沉的目光由近及远地转向了我们民族古老的历史,并热情洋溢地赞美了他们。

请一位同学有感情地朗读之后,让他(她)和同学们分享自己的朗读技巧。教师在此基础上再加以指导:"这就是中国的脊梁"中可以在"这"的后面加一个逗号,起强调作用,此外,读这一句时可以辅以手势,举起拳头,表达一种坚定的信念。

全班齐读。请同学们握紧拳头,举在胸前。

好一个中国的脊梁!真可谓铿锵有力、掷地有声。从你们的朗读中,老师感受到了你们的自信和激情,相信大家一定会成为未来社会的脊梁。

"这些人"指哪些人呢?请同学们仿造这个例子,写出这样几种人。

示例:我们有"我自横刀向天笑,去留肝胆两昆仑"的舍身求法的君子谭嗣同。(生仿写朗读。)

3. 面对敌人污蔑,读出愤怒之情

同学们都说得很好。可是,这时候突然有一种声音出现了,说这些人都早已作古了。现在的中国人,可是失去了自信力。面对这种指责,我们应该怎样来反驳呢?请一位同学替鲁迅先生反驳。

明确:可以用第8段的内容来反驳,要读得铿锵有力,读出鲁迅先生的心声。在此基础上结合背景材料探讨"这一类的人们"的深刻含义——指中国共产党领导下的革命者,他们为民族进步而奋斗不止,支撑起民族的精神,是中国的脊梁。

鲁迅先生在《野草》中说:"地火在地下运行,奔突;熔岩一旦喷出,将烧尽一切野草,以及乔木。"这处于地底下的革命者,就是中国的脊梁。他们有确信,不自欺,领导着中国人民与敌人进行艰苦卓绝的斗争,怎么能说中国人失掉自信力呢?所以在读最后一句时应该语气愤怒,读出作者强烈的愤慨之情。

请一位学生读"说中国人……那简直是污蔑",注意重读"简直",然后男女生用两部轮读法读"说中国人……那简直是污蔑",造成一种回环往复的效果。

4. 三读题目,读出你的自信

现在再看课文的题目,把它变成陈述句。

明确:可以变成"中国人没有失掉自信力",也可以变成"中国人充满自信力"。

指导学生读"中国人充满自信力",读出中国人的自信!

五、延读,读出豪迈坚定

"数风流人物,还看今朝",今天,我们涌现出了许许多多充满自信力的人和事。你能给大家讲讲你所知道的人和事吗?

(学生讲述,师生小议。)通过大屏幕,再次感受今日中国之自信。

(播放幻灯片,配乐《红旗飘飘》。)

结课:音乐声中,教师深情诵读"在无数的蓝色眼睛和褐色眼睛之中,我有着一双宝石般褐色的眼睛,我骄傲,我是中国人!在无数的白色皮肤和黑色皮肤之中,我有着大地般黄色的皮肤,我骄傲,我是中国人!"同学们,正是在这种精神感召下,我们的祖国从过去的一穷二白走向今天的繁荣昌盛。今天,中华儿女正用满腔热情谱写出一曲曲动人的自信之歌。这种自信表现在你身上、我身上、他身上,在我们全体中国人民的身上!

请全体起立,用自信、坚定、豪迈的声音告诉所有人:伟大的祖国究竟有无自信力,且看我中华少年!

课例评价

儒家经典作品《礼记·中庸》里提出:审问之,慎思之,明辨之。最早出现了"思辨"一词,即通过审视,提出问题,经过慎重严密的思考,明晰辩理。普通高中语文课程标准(2020年版)亦强调了学生思辨能力的重要性。在初中阶段,我们也需重视培养学生的思辨能力,为高中语文的进一步学习打好基础。具体来说,培养思辨能力即教师在教学活动过程中,能够指导学生积极主动探究文本,多角度全面理性分析问题,并灵活运用逻辑,合理地推导观点。作为实用类文本类型之一的议论文,便是培养学生思辨能力的良好素材之一。

教好这篇文章需要抓住两方面:一是鲁迅"先破后立"高超的论辩艺术;二

是鲁迅蕴藏在字里行间的对敌人辛辣的讽刺和对革命志士深情的歌颂。在此基础上，教师注重激发学生作为新时代中国少年的爱国热情和自信心，激励他们为中华民族的伟大复兴贡献自己的力量。本文将从思、读两个方面论述如何用好这篇经典作品，培养好初中学生的思辨能力，进而提升他们的语文核心素养。

一、思考理清观点，找到观点及论据

学生已经知道，议论文由三个要素构成：论点、论据、论证。与一般的议论文相比，本文是一篇驳论文。除了要提出己方观点外，还要反驳对方的错误观点。在反驳过程中，可以抓住对方论点、论据、论证过程任意一点或几点进行反驳，并提出自己的见解和主张。教师首先要求学生在文中找到敌方和己方的论点分别是什么，并让学生思考：敌方是怎样引出这一观点的？论据分别是什么？

讨论理清反驳思路，借助几则当时的时事新闻作为背景材料。学生的预习充分，分析的思路也会清晰。鲁迅在反驳对方观点时抓住了一个词"自信力"。他指出对方失去的不是自信力而是"自欺力"，发展着的是"他信力"。这种仿词方法的运用，使得作者的反驳更有力度。其实，鲁迅还抓住了一个词"中国人"。

思考：失去自信力的到底是哪些中国人？

二、读：读懂态度

朗读1：辛辣嘲讽。

品一品：你读出了作者怎样的态度？

朗读2：深情歌颂。

请大家想一想，这些话怎么读才能更好地传达作者的情感？

语文课程对学生思想情感所起的熏陶感染作用是潜移默化的，要继承和发扬中华优秀文化传统和革命传统，体现社会主义核心价值体系的引领作用，突出中国特色社会主义共同理想，弘扬以爱国主义为核心的民族精神和以改革创新为核心的时代精神,培养良好的思想道德风尚。鲁迅的文章固然离我们生活的年代有些久远,但我们依旧可以从这些文章中汲取营养和智慧,并将之应用到自己的作文素材中;同时,还可以从鲁迅的文章中汲取我中华文化的自信,这就是鲁迅文章留给我们的宝贵精神财富。

第六编
文言文课例研究

阅读指津

初中语文新课程标准指出,学生能够阅读浅易文言文,能借助注释和工具书理解词句含义,读懂文章内容。了解常见的文言实词、文言虚词、文言句式的意义或用法,注重在阅读实践中举一反三。学习中国古代优秀作品,体会其中蕴含的中华民族精神,为形成一定的传统文化底蕴奠定基础,学习从历史发展的角度理解古代文学的内在价值,汲取其中的智慧;用现代观念审视作品,评价其积极意义与历史局限。

然而,目前文言文教学存在很大的问题,将文言文教学窄化为文言教学,又将文言教学窄化为文言知识、语法教学,并进一步将其固化为背注释、背译文、背语法知识。这样既降低了文言文教学的效率,又严重影响了学生学习传统文化的兴趣,甚至于导致许多学生的语言表达越来越没有"中国味"。一个人说话、写文章没有"中国味",即使掌握再多的传统文化知识,他与传统文化之间也很有可能仍是彼此疏离的。

那么文言文教学应该怎么教呢?我们在学习文言文的时候,可以从以下三个方面入手,即文言知识、阅读能力和文化熏陶。"言"是指字词句本身的意义或作用,"文"是指字词句中所蕴含的思想感情、文化底蕴等人文因素。将文言作品看作"定篇"来教,做到文言、文学、文章、文化的有机结合,即"言""文"合一、"言""文"并重,从而提高文言文教学效率。

徐州市潇湘路学校　宋莉莉

诗情家风，自信时代
——文化传承视角下的《咏雪》课例研究

徐州市第三十六中学　程龙

课例背景

教材解读

《咏雪》选自部编语文教材七年级上册第二单元，出自古体志人小说集《世说新语》，描绘了东晋谢安与其子侄辈居家生活的一段即兴对话，简述了在纷纷扬扬的雪天，谢家子女即景赋诗咏雪的情景，赞赏谢道韫的卓越才情，展示了古代家庭文化生活诗意和谐的画面。同时，《世说新语》作为魏晋"名士的教科书"，特别注意传达魏晋名士独特的形象，重视人物语言的润饰，"读其语言，晋人面目气韵，恍然生动，而简约玄澹，真致不穷，古今绝唱也"。

学情分析

初学文言文，初中生容易陷入文言文文体知识的险隘视野中。通常的学习中，学生也只是关注谢道韫的才情、谢安的温情，缺少对文本中其他人物的客观评价；视野停留在家庭，缺乏触碰时代的勇气。其实，本文链接的关键词，如童年、家教、风雪、才女、诗情等均是青少年学生熟悉、喜欢的。因此，通过教师精巧的设计，激发学生学习文言文的兴趣和热情，领略古代家教，欣赏古人风度。

目标设定与情境建构

通过生活话题的导入，缩小隔膜，激发学生的文言文阅读兴趣。通过语言的品读、微课本剧的表演和评价，分析人物形象。确定学生的阅读主体地位，通过"你更喜欢谁？"，激发学生的个性表达，并与文本叙述相互比照，深入理解文本的言语技巧与审美立场。同时，精选《世说新语》的相关片段，拓展阅读视野，呈现时代风貌，感受自信张扬的名士风度，培养学生语言、思维、审美和文化素养。

课例描述

一、情境导入，谈谈"别人家的孩子"

生活热词：别人的孩子。

明确：别人的优秀有时是鼓励，有时也是对我们自尊心、自信心的伤害。今天，我们来认识一群别人家的优秀孩子，诵读魏晋的文章，学习魏晋名士看待自己、看待别人的态度。

二、自主先学，打破文言的隔阂，翻译魏晋的语言

（1）齐读、自读、听读课文，读准字音，读准停顿，读好节奏。

（2）结合课后注释理解、记忆实词，积累文言知识。

（3）尽量独立完成文本翻译，提倡直译。

明确：以导学案的形式，学生自主完成，课堂交流，提升对文言词汇的认识。中国汉字源远流长，在历史的演变中，虽古今有别，但是依然今古相通。交流文言文语言学习的方法包括诵读、工具书查阅、文本语境与生活语境相结合理解。

三、合作助学，通过言语活动，品味魏晋的人物

（1）示范朗读，读出人物的情绪和心情。

明确:教师巧设朗读支架,如"兄子胡儿(　　　)曰,加上情态性词语",建构真实地对话情境,读出人物的语气和心情。

(2)话剧演出,注意舞台动作和道具,塑造人物。

明确:舞台剧尽量使用文本语言,同时可以加一些表示人物心情、体现人物性格的语气词、动作等。

(3)选一选,让你喜欢的人物和原因?

我喜欢_____(人物),通过_____(语言,动作,神态等细节等),我觉得他_____(性格特点或者精神品质)。

明确:个性解读,尊重学生阅读欣赏的主体地位,文本的人物均是欣赏的对象。同时,锻炼学生语言的品析能力,在人物品析中加深对文言词汇的理解,以言解文,文言一体。如谢道韫的"未若"就是自信洒脱的体现,有着明显挑战的姿态。

四、质疑问学,优劣评价,品评魏晋的审美

(1)你更欣赏谁的回答?

(2)作者更欣赏谁?

(3)谢公更欣赏谁的回答?

明确:谢道韫的"柳絮起因风起",在颜色和下落方式上同大雪相似,补充了风,增添了轻盈飘逸,更符合女性的审美。潇洒高远,暗含着积极向上的气质;柳絮是春天的象征,此句暗含着春天温暖的信息,引发人更丰富的联想。但是这三个问题转换了视角,引发学生对胡儿回答的思考。胡儿难道只是谢道韫的衬托?同时,从谢安的视角看,"大笑乐",似乎更欣赏谢道韫,但是如此推断谢公的态度,有点轻率,这就激发了学生阅读更多材料的兴致。同时,作者的态度更关系到整部作品的审美倾向、时代趣味,不可武断。

【补充谢公和谢道韫更多的材料】

谢太傅问诸子侄:"子弟亦何预人事,而正欲使其佳?"诸人莫有言者,车骑答曰:"譬如芝兰玉树,欲使其生于阶庭耳。"——《世说新语·言语》

林道人诣谢公,东阳时始总角,新病起,体未堪劳。与林公讲论,遂至相

苦。母王夫人在壁后听之,再遣信令还,而太傅留之。王夫人因自出,云:"新妇少遭家难,一生所寄,唯在此儿。"因流涕抱儿以归。谢公语同坐曰:"家嫂辞情慷慨,致可传述,恨不使朝士见!"——《世说新语·文学》

明确:谢安对子侄辈是尊重、爱护的,更是一视同仁的,"笑"中承载着对子侄才情和性格的赞赏。

五、拓展导学,结合整本书,赏魏晋之风度

桓公少与殷侯齐名,常有竞心。桓问殷:"卿何如我?"殷云:"我与我周旋久,宁作我!"——《世说新语·品藻》

桓大司马下都,问真长曰:"闻会稽王语奇进,尔邪?"刘曰:"极进,然故是第二流中人耳!"桓曰:"第一流复是谁?"刘曰:"正是我辈耳!"——《世说新语·品藻》

明确:旷达自信。

管宁、华歆共园中锄菜,见地有片金,管挥锄与瓦石不异,华捉而掷去之。又尝同席读书,有乘轩冕过门者,宁读书如故,歆废书出看。宁割席分坐曰:"子非吾友也。"——《世说新语·德行》

郗太傅在京口,遣门生与王丞相书,求女婿。丞相语郗信:"君往东厢,任意选之。"门生归,白郗曰:"王家诸郎,亦皆可嘉,闻来觅婿,咸自矜持。唯有一郎在床上坦腹卧,如不闻。"郗公云:"正此好。"访之,乃是逸少,因嫁女与焉。——《世说新语·雅量》

明确:自然直率。

戴建业指出,多亏了刘义庆留下的《世说新语》,让我们能见识到什么叫超然脱俗,什么叫高洁优雅,什么叫潇洒飘逸。这一切至情至性、自信张扬的魏晋风度让我们深深震撼和景仰。

课例评析

程老师《咏雪》的设计和实践课例大气也巧妙。《咏雪》作为初中生阅读的

第一篇文言文其教学对于激发学生学习文言文的兴趣、消解文言文阅读的恐惧心理、了解文言文学习的方法等方面均意义非凡。程老师在文本分析时,就确定了文本的阅读方向:从个人的才情、温暖的家风到自信的时代。厚重的文化指向需要勇气——走出单篇文本的勇气也需要功力——走进《世说新语》整本书的功力更需要教会学生走进、走出文本的教学策略与路径。

　　程老师补充了谢安的两则材料,丰富了对谢安的人物品读;通过微课本剧的表演与评价,发掘每个人物的特征,改变了对胡儿形象的片面认知。同时,拓展了四则《世说新语》的人物言行片段,营造了较为丰富的魏晋人物风度图景。

　　印象特别深刻是程老师引导学生从文本语言和生活实际两个角度解读胡儿个性形象。"胡儿",从这一称呼读出他备受宠爱;他回答问题迅速,反应灵敏,思维活跃,回答的内容富有想象力,且"差",极有分寸;被别人否定,没有得到长辈的赞扬,也不生气,有胸怀气度。胡儿没有顾忌地表达自我,直率自然、大方真诚。胡儿的比拟虽没有谢道韫的浪漫,但是颜色和洒落的姿态更为相像,同时,以生活化的事物类比雪,"撒盐空中"的活动更符合一个男孩儿顽皮的性格。这就打通了文言文与学生生活的隔膜,让学生徜徉在文言文学习的乐趣中。

　　《咏雪》不是文言文教学的预热,而是文言文教学的精彩开篇,仅作为谢道韫个人才情的品鉴,就浪费了这一素材的文化价值。本课例与学生生活密切相关,能够激发学生热情,领略魏晋集体风度,感悟诗意人生。

言必诚信,行必忠正
——《陈太丘与友期行》课例研究

徐州市大龙湖中学　王辉

悠悠千年,穿越亘古。孔夫子云"人而无信,不知其可也""言必信,行必果",由此观之,中华民族自古就有以诚为本,以信为先的文化传统,明理诚信是深深植根于社会底蕴并流传至今的一笔宝贵的精神文化财富。

课例背景

教材解读

《陈太丘与友期行》是部编语文教材七年级上册第二单元《〈世说新语〉二则》中的第二则,是本单元最后一篇以家庭亲情为主题的课文。这篇文章是写陈太丘之子元方聪慧机智的故事。同时也告诫人们,做人要讲信用,为人要方正。初中阶段是学生人生观、世界观形成的关键时期,应着重培养学生的优秀品格。新课标要求一线教师首先要明确落实立德树人根本任务的独特贡献与育人价值,强调学生通过课程的学习逐步养成关键能力、必备品格与价值观念。弘扬中华优秀传统文化,本文就是一篇很好的教育素材。

《陈太丘与友期行》一文虽短小却文质兼美,是学生进入初中后学习的第一篇文言文。文中人物形象鲜明,对话描写简洁明了。本课的学习在学生古文学习中起到了承前启后的作用。这堂课的学习方式对于培养七年级学生的古文学习能力具有重要的意义。

学情分析

七年级的学生正处于发展独立思维的重要阶段,他们的学习主动性和求知欲都已大大提高,不再喜欢被动地接受知识,已初步具有自主、合作、探究学习的能力,但同时缺乏对生活的观察和体验。小学阶段接触的文言文篇目也不多,大多数学生对文言文学习不感兴趣。因为文言词语大多已淡出我们的日常生活,再加上一词多义、词类活用、多种句式及通假字等情况都制约着学生学习文言文的热情,因而导致许多学生找不到学习文言文的规律,只能依靠死记硬背。

新课标指出,七年级学生能阅读浅易文言文,能借助注释和工具书理解基本内容,因此我们在语文教学过程中,要注意教学内容的价值取向,尊重学生的阅读体验,让学生在语文学习过程中逐步形成积极的人生态度和准确的价值观,提高文化品位和审美情趣。七年级学生刚从小学步入中学,年龄尚小,有些学生还没有形成正确的"信"与"礼"的观念。因此,在教学本课时,通过朗读、圈画、质疑、小组讨论、自主合作探究的学习方法,对文本加以认识和理解,并从中感悟出正确的"信"与"礼"的观念,从而达到对学生进行优秀传统文化中"讲诚信,懂礼貌"的教育。

目标设定

(1) 通过朗读,感知课文内容,积累文言词语。

(2) 通过讨论探究文本内容,分析人物形象。

(3) 学习明礼诚信的优秀品质。

情境建构

新课程改革要求改变传统僵化的教学模式,变学生为学习的主体,教师作为学生学习的引导者和促进者,注重发挥学生的创新精神和主观能动性。因此,课堂上设置了让学生根据情节编排故事这一环节,以调动学生学习的积极性。

七年级学生学习文言文,还是打基础阶段,诵读教学不可忽视,因此整个课堂以诵读贯穿始终,每一次朗读都有不同目的,朗读设计有层次感。

适当借助多媒体技术辅助文言文教学,不仅能解除教师单方面讲授难以满足学生需求的困境,还能使课堂变得丰富多彩,提高课堂效率。当然本堂课主要的教学方法依然是不同形式的朗读,可谓"书读百遍,其义自见",让学生在读中去感受中华优秀的诚信文化。

课例描述

一、介绍《世说新语》导入

多媒体展示《世说新语》的成书过程。《世说新语》原名《世说》,因汉代刘向著《世说》,故改名《世说新语》。《隋书·经籍志》将它列入笔记小说,是魏晋南北朝时期"志人小说"的代表作,分为德行、言语、政事、文学、方正、雅量等36门,全书共1 000多则,今天所学的《陈太丘与友期行》出自方正篇。

二、动口朗读,读通语句

师:同学们,当我们学习一篇课文时,首先要做的就是规范朗读,请同学们自读课文,注意读准字音,读通课文。

师:同学们在读的过程中有没有遇到问题,如不确定的字音或不会读的句子?(生:提问;师:解疑。)

师:当我们能准确流利地把课文读出来以后,请同学们再次朗读课文,要读出语气、重音、节奏。我们在小组内分角色朗读。(通过这种朗读培养语感,为下面讲解课文内容作铺垫。)

师:同学们读得气氛很热烈,我们找两个同学来读一读。

师:(点名朗读)哪位同学能够评价一下这位同学读得怎么样?

生1:老师,友人的话他读得语气还不够足。

师:好,你来给大家示范一下如何把人物的语气读出来。(生读后掌声响起。)

师:我们一起解决了字音和朗读问题,接下来就让我们一起看着大屏幕齐读这篇课文。

【多媒体展示】

陈太丘/与友期行,期/日中。过中不至,太丘/舍去,去后/乃至。元方/时年七岁,门外戏。客问元方:"尊君在不?"答曰:"待君久不至,已去。"友人便怒曰:"非人哉!与人期行,相委而去。"元方曰:"君与家君/期日中。日中不至,则是无信;对子骂父,则是无礼。"友人惭,下车引之,元方/入门不顾。

三、动心细读,互说译文

师:同学们已经能很流畅地朗读课文了,接下来我们可以结合课下注释,也可以查阅工具书,共同解决翻译问题,不会的内容小组之间讨论解决。

师:同学们,现在到了解答疑难的环节了,大家在翻译过程中出现了哪些问题呢?(生提问,师解疑。)

师:谁愿意给大家翻译一下?(生举手翻译。)

师:这位同学翻译得很准确,这是咱们小组合作的成就啊!点赞!

【多媒体展示】

陈太丘和朋友相约同行,约定的时间在中午。过了中午朋友还没有到,陈太丘不再等候而离开了,陈太丘离开后朋友才到。元方当时年龄七岁,在门外玩耍。陈太丘的朋友问元方:"你父亲在吗?"元方回答道:"我父亲等了您很久您却还没有到,已经离开了。"友人便生气地说道:"真不是人啊!和别人相约同行,却丢下我先走了。"元方说:"您与我父亲约在正午,正午您没到,就是不讲信用;对着孩子骂父亲,就是没有礼貌。"朋友感到惭愧,下车想去拉元方的手,元方头也不回地走进家门。

师:同学们,如果我们想正确翻译一篇文言文,最基本的是掌握重要字词,你觉得本课哪些词语重要?请小组交流后展示。(学生举手回答问题。)

生:(1)过中不至:到达。

(2)太丘舍去:离开。

(3)尊君在不:尊君,对别人父亲的尊称;"不",同"否"。

(4) 则是无信:就,就是。

(5) 家君:对人谦称自己的父亲。

师:细心的同学会发现,这些词语中有两个字比较特殊,有没有同学能找出来说一说?

生:(1) 通假字。

尊君在不:同"否",不。

(2) 古今异义词。

太丘舍去:古义为离开;今义为到某个地方。

师:请大家思考这篇课文中涉及的"君""家君""尊君"分别是什么意思。(这个文化常识在本课中非常重要,要让学生学会积累。)

生:君,是有礼貌地称呼对方。家君,是对别人谦称自己的父亲。尊君,是对别人父亲的尊称。(掌声。)

师:说得非常准确! 古时,在称谓方面有谦称、自称、敬称等,同学们课后可以做一个称谓统计表,以补充我们的课堂知识。当我们读完一篇文章后要想想这篇文章讲了一个什么故事? 哪位同学来概括这篇文章的内容?(生概括。)

四、动情精读,分析形象

师:让我们一起分角色朗读,抓住小元方的语言和动作。(男女生分角色朗读,女生读元方,男生读友人。)

师:这样朗读似乎体会不到小元方和友人之间的互动,哪些同学愿意上台给大家生动地表演一下呢?

(生表演。)

师:同学们的表演十分精彩,尤其是友人的"怒"形神兼备,那么友人为何而怒?

生1:他觉得元方父亲和他约好了,没等他就走了。

师:你觉得他发怒有道理吗?

生1:没有。

师：你的依据是什么？

生1：我的依据是元方的回答。"君与家君期日中。日中不至，则是无信；对子骂父，则是无礼。"

师：这是对元方的什么描写？

生：语言描写。

师：通过语言描写让我们看出这是一个怎样的元方？

生2：明礼识仪、讲诚信。

生3：讲话有理有据、落落大方。

生4：勇敢果断、聪明机智。

师：除了对元方的语言描写，还有其他的描写吗？

生：动作描写"元方入门不顾"。

师：老师看到有的同学在下面发出了疑问，"元方入门不顾"的行为是否妥当呢？看来同学们有不同的想法，我们以小组为单位，说一说自己的想法吧！

生5：我觉得他做得对。是友人无信无礼在前，元方没必要搭理他。

生6：我觉得元方的做法不够礼貌，因为友人既然下车拉他，就说明已经知道理亏，元方作为晚辈，不应该这样不给面子。

师：大家说得都有道理，对于一个七岁的孩子来说，知道维护自己的父亲，毕竟友人错误在先，他如此行为也可以理解。这则故事选自《世说新语·方正》。所谓方正，就是指人的品行正直，合乎道义。那文中是从哪两个方面体现小元方的"方正"呢？（生回答：诚信，明理。）

所以，同学们，我们在分析问题时一定要全面，多方面、多角度考虑，做一个像小元方一样说话做事有理有据、落落大方的人。

师：文中另一个主要人物友人又是怎样的一个人呢？（学生举手回答。）

生：无信无理，但能知错就改。

五、动容品读，拓展延伸

师：同学们，现在我们已经对课文内容非常熟悉，而且人物形象也在我们脑海中非常鲜明，请大家声情并茂朗读课文，之后背诵课文。

(学生读课文、背课文,学生评价。)

师:今天,我们通过学习这篇文言文,从小元方身上学到了明礼守信的优秀品质。不断践行的社会主义核心价值观中的"诚信"和"友善"与我们本节课学习到的优秀品质"明礼守信"有异曲同工之妙。那么,请大家谈谈新时代的我们应该如何做?

(板书:明礼守信。)

(生举手回答,说说自己的感悟。)

同学们都说得非常好,老师希望同学们能够说到做到,"言必信,行必果"。

课例评析

党的十八大明确指出,把"立德树人"作为教育的根本任务,党的十九大报告中鲜明指出我们必须"推动中华优秀传统文化创造性转化、创新性发展"。因此我们的语文课堂应注重"文化理解与传承"素养的培养。《陈太丘与友期行》是一篇广为人知的名作。它讲述了七岁儿童陈元方的故事,表现了陈元方的明白事理和落落大方。同时也告诫人们,做人要讲信用,为人要方正。文中人物形象鲜明,对话描写简洁明了。学生从语言表达上、思想上均会有较大的收获。该文的教学能启迪学生心智,对学生进行思想教育,不失为一篇好文章。

这篇课例设计,值得借鉴之处有以下几点。

(1)多种形式朗读,学生主体地位凸显。

① 动口朗读,读通语句。通过朗读要求学生读准字音、节奏,初步感知课文内容。

② 动心细读,互说译文。要求学生在自读中既要动口又要动心,并结合注释和工具书理解每个句子的意思,然后以句子为单位,小组内互译课文。老师抽查学习效果并作点拨。

③ 动情精读,分析形象。要求学生再读课文。此时的朗读,要求是动情,要读出课文的轻重缓急,并充分表达自己的情感。学生思考并互动交流发言。

④ 动容品读,拓展延伸。要求再读课文,此时的朗读要求动容,要进入情景,要读得有表情。

老师点拨:陈元方七岁就能懂礼识义,读完这篇文章后,作为新时代的我们应该如何做?试结合自己的生活实际,说说感悟,由课文所得延伸到学生对自我的品德要求,以文育人。

古文教学一定要让学生反复朗读。只有通过大量的朗读练习,学生才能逐步掌握文章的语言、节奏、句式,进而体会文章的内容及蕴涵的道理,并通过说的形式表现出来。这不仅锻炼了学生的口语表达能力,而且在谈自己独特的感受、体验和理解时也会通过情感熏陶获得思维的启迪,从而享受审美的乐趣。这也充分体现了新课程标准对阅读的要求。

(2) 文言文教学,要注意对学生进行优秀传统文化的渗透。

本课例设计中有意加强了对学生道德情操的培养,将情感态度价值观的正确导向贯穿于整个教学过程中,让学生在学习过程中潜移默化接受,从而达到润物细无声的佳境。

君子之居，陋室不陋

——《陋室铭》课例研究

徐州市潇湘路学校　王芳

课例背景

教材解读

《陋室铭》是部编语文教材七年级下册第四单元的一篇托物言志骈体铭文，全篇短短81字，彰显了刘禹锡驾驭文字的功力和与"德馨"之人为伍、淡泊名利的志向，让后人得以从中领略中唐诗人独特的昂扬旷达之气。以其立意鲜明、构思巧妙、韵味深长而脍炙人口。作者自述其志，通过对居室情景的描绘，极力形容"陋室不陋"，表达一种高洁傲岸的情操和安贫乐道的情趣。通过探讨"君子之居，陋室不陋"背后的君子之言行操守等传统文化精神，来陶冶学生性情，净化心灵，以求对更高精神境界的追求与向往。

学情分析

七年级下学期的学生，虽已在学习中接触过文言文，但对于刘禹锡的人生际遇与创作风格的了解不一定很清晰，这对学生在把握本文所寓含的人生情怀时会有一定的制约。本文是打开学生了解文人情怀的一扇重要的窗口。引导学生对"苔痕上阶绿，草色入帘青""谈笑有鸿儒，往来无白丁""调素琴""阅金经"、无"丝竹""案牍"等作者喜好的生活进行品鉴显得尤为重要，由此层层递进引出"何陋之有"的评价,从而感悟出君子德行的美好,进一步激发学生的向学精神。

🖝 目标设定

中华优秀传统文化是我们民族的生存之根、立世之魂、传承之本。《义务教育课程方案和课程标准(2022年版)》中明确提出,将中华优秀传统文化融入课程;《中国学生发展核心素养》也提出"人文底蕴"。结合本课对传统文化中君子德行的赞扬,设定以下学习目标。

(1)背诵并翻译课文,掌握相关文言实词。

(2)品析语句,探讨"君子之居,陋室不陋"。

(3)通过理解作者那种高洁傲岸的节操和安贫乐道的情趣,引导学生确立自己的志趣追求。

🖝 情境建构

语文学科中的文言文部分,凝结着中华优秀传统文化的精神内核。本课以经典文言文《陋室铭》为例,旨在通过分析、创设文化传承视角下的文言文课堂,形成学生个性化课堂感知,逐步提升学生综合素质。

在教学设计上紧扣文言文的文体特点及蕴含深刻文化意味的文言词语、语句等,通过多种形式的以读识"言",由"言"入"文",由"文"及"人",带领学生走进"陋室",走进刘禹锡和中国传统文人的心灵,理解君子文化的内涵。

课例描述

一、由诗入境,课前导入

同学们,我们知道唐朝盛产诗歌,那个时代文人辈出,其中有一人曾身居要职后屡遭贬谪,最后仅有斗室容身。一般人早就屈服权威,随波逐流,但他不肯,他以铮铮铁骨直面苦难,笑看人生,他就是诗豪——刘禹锡。我们上学期学过他的一首诗——《秋词》,让我们一起背诵一下。这首诗中鹤是不屈志士的化身,正是刘禹锡自身的写照。关于刘禹锡你还知道多少呢?哪位同学给大家介绍一下?

多媒体展示了老师给出的作者简介,把自己不知道的知识点在课本上补充完整。

二、初读课文,探访陋室

请同学们先自由诵读,要求读准字音,并借助课下注释把文章读通顺。在刚刚的自读过程中,关于文言词语解释或断句大家有没有不明白的地方?可以提出来我们一起解决。

【重点文言词语】

馨:德行美好;上:蔓延;入:映入;案牍:官府文书。

断句:无丝竹之乱耳,无案牍之劳形。

教师点拨:朗读本文,可采用押韵和对仗的方法来断句。押韵的字,比如"名""灵""馨""青"等。通过对仗找到句子停顿的节点,比如"山"和"水"对应,"高"和"深"对应,"仙"和"龙"对应,"名"和"灵"对应等。

这句话在断的时候要注意联系上下文,看作者想强调的是什么,是想说没有丝竹,还是没有丝竹之乱耳呢?

三、涵泳品读,寻访陋室

关于文章大概内容我们已经了解,现在请听老师的范读,可以轻声跟读,用铅笔在书本上标注出停顿之处。在老师范读过程中,同学们听得非常认真,现在老师想让同学们六人一组进行朗读展示。给大家两分钟准备时间,两分钟之后用你喜欢的方式展示,如小组内"开火车"读、分角色读、齐读等方式。

哪组同学想先展示一下呢?哪组同学能给这一组同学点评一下?

你认为这一组读得好在哪里?你有哪些改进意见?可以从朗读的流畅性、准确性、感情充沛程度进行评价。(不好的组在点评后再来一遍。)

现在同学们读得已经很棒了,老师想问问大家,刚刚在读的过程中有哪些语句你读起来非常自豪、开心,一起告诉老师。"斯是陋室……无案牍之劳形"这几句话是什么意思?你能翻译出来吗?请参照课下注释和前面讲到的重点词语,思考两分钟,一会儿请同学起来回答。

同学们翻译得非常好,那老师想问问大家,你觉得陋室"简陋"吗?为什么?

不陋。因为"斯是陋室,惟吾德馨"。

作者是从哪些方面来写陋室不陋的?找出句子后自己进行概括总结。

(1) 环境:苔痕、草色这种在唐代暗含贫穷的景色,一般人们不好意思写到诗里,而作者却觉得它是美好的景色,把苔痕、草色写得清新淡雅,这是居室的什么?——环境。(板书:环境　苔痕　草色)

(2) 交友:居住环境清新淡雅,那他交往的朋友是哪一类人呢?(交友　鸿儒)

关于刘禹锡写这篇文章还有一个小故事呢,我们一起看一看。半年时间,刘禹锡三次搬家,住房一次比一次小,最后仅是斗室。于是愤然提笔写下此篇文章。所以,刘禹锡对待访客有他自己的要求:那些不学无术,只会见风使舵的地方官员根本不配登门,可见读书人精神的高贵不是世俗的权势可以改变的。

(3) 生活情趣/做的事:在这样清新淡雅的环境中作者和这些鸿儒的日常生活又是怎样的呢?

(板书:生活　弹素琴　阅金经)

素琴,金经,丝竹,案牍这些都是古文中有特定意义的一组词。

孔子在教授弟子时就用琴来伴奏,弹琴是读书人的标志之一。我们学习《竹里馆》时,其中有一句话说的就是"独坐幽篁里,弹琴复长啸"。

金经是佛经,当时唐代非常流行,读书人在闲暇之余看佛经是风雅之事。

丝竹是世俗的乐曲,不如素琴高雅。

案牍是官府公文,代表职权,那些在俗人眼中的高官厚禄于刘禹锡而言是一种累赘,束缚自由之身。

以前我们学过《论语》,了解到有一个孔子特别喜欢的学生颜回,文中是怎样赞美他的呢?"一箪食……回也不改其乐。"作者与颜回身上有何相同品质?安贫乐道。

所以陋室简陋吗？不陋！

【多媒体展示】

陋室之可铭，在德之馨，不在室之陋也。惟有德者居之，则陋室之中，触目皆成佳趣。——吴楚材、吴调侯《古文观止》

那文章为何又提到了诸葛庐和子云亭呢？这句话在内容和结构上有什么作用？（小组交流讨论。）

内容上：诸葛庐和子云亭都是历史上著名的陋室，他们的主人因为自己的才华而名垂千古，在这里作者把自己比作诸葛亮、杨雄，再次说明陋室不陋是因为主人品德高尚。

结构上：顺势引出下文，以孔子言论作结，使文章结构严谨。

文中关于孔子那句话的原话是：君子居之，何陋之有？作者选取最后一句有何深意？

作者最后一句选自《论语》，这本书是当时文人所熟悉的，文章省去"君子居之"，但读书人一看就知道说的是君子，所以这句话一方面暗含作者以"君子"自居，另一方面巧妙回应开头"惟吾德馨"。因此，陋室陋不陋关键在于"君子居之"，即开头所说的"惟吾德馨"。这句引用是点睛之笔，含蓄地表达了刘禹锡以君子自期的情怀，显得立意高远。

【多媒体展示】

凡铭多自警，此却自得自夸，体格稍变。——《古文笔法百篇》

四、知人论世，品味写法

现在学完文章，我们再来看一看题目，作者为何用陋室铭作为题目？"铭"是何意？我们看下知识背景，再来解题。

"铭"是指刻在器物上用来警戒自己的文字，类似于我们在书本上写名言警句。刘禹锡把这种不慕名利的乐观豁达和安贫乐道的情趣，寄托在对陋室的描绘中。这种写法就是托物言志（板书）。那么，这篇文章中所托的"物"和所言的"志"是什么呢？"物"是"陋室"，"志"是"德馨"。

看来刘禹锡的这篇文章，不仅仅是为了记下一间简陋的房子，更主要的是借陋室含蓄地表达不与世俗同流合污、洁身自好、不慕名利的生活态度,表达了高洁傲岸的节操和安贫乐道的情趣。

你还能想到以前我们学过的哪些托物言志的诗词呢?居室如此简陋,人物如此高洁,陋室如此让人神往,那我们一起齐背这篇美文。

小结:刘禹锡自贬谪后,政治上再无显扬之日。一波三折的仕途,让历史少了一位志得意满的政客,却让文坛多了一位独出机杼的诗豪。在高手林立的中唐诗坛,他或许不是才情最盛的,却一定是最倔强、最乐观的。他把对人生遭际的感悟和性格的倔强乐观都呈现在了他的作品中,向我们昭示着逆境中不只悲观这一个选项。通过对这篇文章的学习,我们在写作时也可以运用这种通过对物的描绘,形容其特征,以表达出心志和情趣的托物言志的方法。

课后作业:模仿本文,写一篇《教室铭》。

课例评析

高尔基曾说过"人是文化的创造者,也是文化的宗旨"。《陋室铭》文本所表现的景、人、趣和事的意象,使其充满了隐喻色彩,展现了其丰富的传统文化内涵,令后人在其中"寻幽探胜",感受传统文化的洗礼与熏陶;同时给予后人源源不断的文化滋养,影响一代又一代中国人的道德情操和品格修养。

透过文本,我们知刘禹锡其居陋室而不改其志向,且实践笃行之。因此在教学实践的过程中抓住文本,巧设问题,如"作者是从哪些方面来写陋室不陋?找出句子后自己进行概括总结",学生可以很容易地找出相关语句进而品析。这一环节既可了解文本又可深入探究主题的文化内核:何为陋室?何为君子?不言而明,作者的高洁情操也就跃然纸上。学生在探讨这一环节时,首先通过思辨作者的一言一行,定会受其感召,明其心智,乐而善学,以此为志。同时设计拓展资料,明确"素琴,金经,丝竹,案牍"这些都是古文中有特定意义的一组词,加深学生对特定时代背景的文化产物的认知,消除历史与文化的隔膜感。其次,通过多种形式的朗读,如教师范读、学生分角色朗读、"开火车"读、小组读等,以求读通、读懂、读深,由此加深学生对文本内容的认知与理解。教师抓住其"君子之德""君子之言""君子之心""君子之志""君子之道"五个方面对刘禹锡其人其事进行探究,同时在教授本课时加入经典古籍中对"君子"言行一致的相关介绍,加深学生对刘禹锡精神的理解。这样的教学设计实现了多层次、多角度的文本分析与品读,定会给学生留下极为深刻的印象。

  见其为人,思其源头,感其文化,不仅能帮助我们穿越人生的逆境而保持自我,还能警醒当下"趋华屋而德不行"的社会现实。通过本课的学习,以期使中华优秀传统文化渗透在每一个学子的文化血脉中,生生不息。

儒家文化，迭代传承
——《〈论语〉十二章》课例研究

徐州市潘塘中学　陈涛

课例背景

教材解读

《义务教育语文课程标准(2022年版)》明确指出，语文课程对继承和弘扬中华优秀文化、革命文化、社会主义先进文化，实现中华民族伟大复兴等方面具有不可替代的优势。文言文是中华传统文化的体现，蕴涵着丰富的中华民族精神。传承文言文中的优秀传统文化是重要的教学目标之一。

《〈论语〉十二章》选自部编语文教材七年级上册第三单元。第三单元的单元导读，首先在第1段阐明了此单元的所有文章都与学习生活有关；其次提供了阅读文章的方法——默读，并且具体讲解了默读的技巧，同时要求学生在阅读过程中做到把握基本内容、了解文章大意、关注重点语句。《〈论语〉十二章》选编的内容主要是如何学习，如何成为品德高尚的人，这对于刚升入七年级的学生来说，具有适切的针对性和深刻的启迪性。

学情分析

学习《〈论语〉十二章》之前，学生虽然接触过《〈世说新语〉二则》，对文言文已经有了一定的了解，积累了少量的字词，但仍处于初学阶段。此外，多数学生对于孔子和《论语》一知半解,并不熟知课文中所蕴含的传统文化。从阅读难度来看,本课的生僻字词较少,整体上较为易懂。学生可以借助课下注释和工具书,理解全文大意,体悟其中蕴涵的中华传统文化。

目标设定

在设计教学目标时,要考虑教学内容的难度与学情相匹配。综上,明确教学目标如下:

(1)学习重点文言字词,如"子""说""有""新""乎""矣""乐""君子""可以"等,解读十二条语录。

(2)通过诵读,从学习方法、学习态度、道德修养、思想观念等方面归纳整理语录内容,并联系自身谈谈个人理解。

(3)结合实际,探究《〈论语〉十二章》的现实意义,领悟中华传统文化,传承与弘扬中华传统文化。

情景建构

学习文言文对于传承中华传统文化具有独特作用。学生可以从文言文中领略中华上下五千年的天文地理、典章制度、民俗风情等,感悟古代贤者和君子的高尚情怀与崇高道德,从而积累中华文化常识、体会中华民族精神、汲取中华民族智慧、传承中华优秀文化。在部编语文教材七年级上册选文《〈论语〉十二章》的教学中,可以通过设计"诵读涵咏,品味经典"系列学习活动,传承中华传统文化。在《〈论语〉十二章》的教学过程中,学生在掌握知识的基础上,教师可利用图画、音乐、表演等形式,创设形象生动的教学情境,动之以情,身临其境,深刻领悟其中的传统文化,培养优秀的道德情感。

课例描述

《〈论语〉十二章》是一篇教读课文,按照统编教材的编排特点,要求学生通过学习,掌握阅读的方法,能够自主进行课外阅读和实践活动。因此,可以从课内和课外两方面设计教学活动。

设计课内活动,传授阅读方法。在教学过程中,教师充分利用教学时间,根据学情设计多种多样的学习活动,激发学生阅读兴趣,自主掌握阅读方法,传承中华传统文化。

一、诵读涵咏,品味经典

诵读涵咏,细细品味经典著作中的文化内涵。诵读,是心、眼、口、耳并用的一种学习方法,它可以让读者在感知言语声音形态的同时,实现对文本的感悟理解。《论语》作为儒家经典,教师需要带领学生在理解文章的基础上通过诵读深入挖掘其内涵,品味中华文化之美,领悟传统文化的魅力。因此,在教学过程中,设计如下活动。

1. 积累常识,走近孔子

(1) 教师介绍《论语》。

(2) 学生展示预习成果,介绍孔子及其相关事迹,明确"子"的含义。

2. 初步朗读,纠正字音

(1) 传授朗读的技巧。

(2) 指定学生朗读课文,其他同学认真倾听,对其读错的字音进行纠正,并总结易读错的字词。

(3) 学生齐读。

二、探究主题,解决疑惑

1. 结合注释,翻译文本

根据文章注释,逐字逐句地翻译文本。同时,结合学生已有的生活经验,谈一谈自己对文本的理解与认识。

2. 归纳整理,深入理解

从学习方法、学习态度、道德修养、思想观念等方面分类,进一步深入理解其精神内涵。

三、联系实际,畅谈感悟

1. 区分朗读,品味内涵

(1) 区分朗读和诵读。全班诵读《〈论语〉十二章》,认真品味其精神内涵。

（2）小组讨论，交流感悟。

2. 抒发感悟，领悟真谛

围绕"传承与弘扬传统文化"主题，展示个人感悟，学会正确的学习方法与态度，领略高尚的修身之道，感受中华传统文化的魅力，树立正确的世界观、人生观和价值观。

四、比赛诵读，训练口语

开展班级诵读比赛，设置奖品，激发学生兴趣，训练和提高口语表达能力的同时，感悟中华文化之魅力。在上述学习活动中，通过初读、解读、赏读、诵读，逐渐培养学生良好的语感，积累丰富字词，理解《〈论语〉十二章》要义，汲取经典著作中的精髓与文化，在潜移默化中感受中华传统文化的博大精深，积极弘扬中华民族的传统美德。

五、创设情境，品儒家情

在《〈论语〉十二章》的教学过程中，教师利用图画、音乐、表演等形式，创设形象生动的教学情境，动之以情，深刻领悟其中的传统文化，培养优秀的道德情感。

1. 图画——重现情境

利用图画，重现情境，直观感受文本呈现的内容。首先，教师展示相关图画，此图可以使用网络图片，也可以根据自己的理解进行绘画，结合语言，帮助学生理解文本内涵。例如，根据"饭疏食，饮水，曲肱而枕之，乐亦在其中矣。不义而富且贵，于我如浮云"，可以结合自己的理解和想象绘出主人公吃的食物、睡觉的样子等，阐述自身的感悟。其次，教师鼓励、引导学生搜寻或者创作相关的图画。最后，进行课堂展示，先在小组内互相交流，再在全班上展示，分享个人的感悟，用最直观的感受，领悟传统文化的魅力。

2. 音乐——渲染情境

音乐是最美妙的语言，直击人的心灵。在教学过程中，音乐可以调动学生内心的情感，渲染气氛，真情实意地感受文字背后蕴涵的深意。例如：在教授

"学而时习之，不亦说乎？有朋自远方来，不亦乐乎？人不知而不愠，不亦君子乎？"时，播放欢快愉悦的曲子，可以让学生感受到学习时经常复习、接待从远方而来的朋友时的快乐。在讲解"逝者如斯夫，不舍昼夜"时，播放缓慢低沉的曲子，可以让学生在面对时间的短暂与宝贵时有所感叹和觉悟，在音乐中，感受古代贤人志士高尚的思想道德品德，学习君子之道。

3. 表演——体验情境

为了深入体会和理解人物的思想情感，可以根据文本内容设计角色扮演的活动。学生以小组合作的方式，改编《〈论语〉十二章》的内容，设计人物角色、语言、动作、服饰等，创作角色扮演的剧本。在成果展示时，可邀请其他教师作评委，颁发奖品。角色扮演可以促使学生对角色的语言、情感等做进一步体会，提升学习兴趣，也可以使学生身临其境，深刻理解文本所要传达的道德要义，多方面学习中华民族传统的礼仪文化。

课例评析

除了课堂设计，还可以进行课外整本书阅读，拓展知识。以"弘扬中华传统文化"为主题写下自己的读书感悟；课外搜集由《论语》中的语句演化而成的四字成语；开读书经验交流会，自定主题，传递积极向上精神。活动设计的要点为以下四点。

一、传承文化为主旨

传承中华优秀传统文化是活动设计的主旨。文化是一个国家、一个民族的血脉，没有繁荣兴盛的文化，就没有伟大复兴的中华民族。无论课内活动还是课外活动，都要以文化的传承为核心，逐渐帮助学生认可民族文化，树立民族自信，文化自信，培养弘扬中华优秀传统文化的坚定信仰。

二、知识掌握为基础

活动的有效开展，需要知识的支撑，积累相关知识是首要任务。学生在自主学习过程中,借助工具书和注释,初步解决疑难字词,了解浅易的文言常识,是知识掌握的第一步。在教学过程中,教师帮助学生理解重点、难点字词,读懂文言句式,理解全文大意,是知识积累的第二步。例如,《〈论语〉十二章》中的"乐",是超脱世俗之"乐",蕴含着传统文化的精髓。因此,学生需要积累丰富的文言常识,在浩瀚的文字中领悟、传承中华优秀的传统文化。此时,可以借助诵读、课外阅读等活动,涉猎宽泛的知识,掌握常识,传承文化。

三、活动主题为指引

明确主题,引导活动。主题的确定是活动开展的指明灯。学习活动多种多样,但主题式活动的教学目标和教学任务都十分明确,可按步骤有条不紊地进行。围绕传承中华优秀传统文化的主题开展活动,灵活设计活动的形式与内容,通过诵读比赛、主题讲座、社会实践等活动,在潜移默化中渗透尊老爱幼、敏而好学等思想,传承与弘扬中华传统文化。

四、情感体验为主线

以情激趣,主动学习。设计以情感体验为主的学习活动,可以调动学生学习的趣味性、积极性和主动性。学生与文言文所处时代相隔甚远,背景了解甚少,很难与作者产生共情。此时,需要根据文言文的不同类型与风格,运用图画、音乐、表演等形式,创设相适宜的教学情境,增加学生的情感体验,拉近学生与古代文化的距离,收获个人阅读感受,弘扬中华民族文化。中华民族优秀传统文化是我国的文化宝库,传承与弘扬优秀民族文化是我们义不容辞的责任和使命。学生可充分利用课内时间,在教师的引导下参与学习活动,积累文学常识,增强情感体验;同时,可拓宽课外学习空间,课外阅读与社会实践相结合,自主体验不同主题的活动,享受参与体验的过程。在活动中贴近中华传统文化,领略中华传统文化的博大精深。

寻民族根,驻坚毅魂
——《愚公移山》课例研究

徐州市大龙湖中学　杜苏云

课例背景

教材解读

部编语文教材八年级上册第六单元选文皆为古代诗文名篇,均是优秀传统文化的代表与典范,对于培养学生正确的人生观、价值观,培养高尚的审美情趣,增加文化积淀,有着积极意义。其主题上,本单元均是围绕人的品格、志趣、情怀、抱负,旨在让学生阅读不同体裁的古代诗文名篇,从不同角度感受古人的智慧和胸襟,提升自己的精神品格。

《愚公移山》就是一篇典型的反映我国悠久优秀文化的故事。它的时代背景是战国时期,当时生产力水平低下,人们面对大自然的种种挑战,坚持不懈地与之斗争。在此过程中,不可避免地会遇到无法解决的困难,在这种情况下,人们只能借助想象来反映自己的美好愿望。《愚公移山》正是在这种情况下产生的。作者以生动的故事情节和具有神话色彩的人物形象,反映了我国古代劳动人民改造自然的伟大气魄和坚强毅力。

我们将以《愚公移山》一课为例,去探寻古人的智慧和胸襟,让先人留给我们的坚强毅力和伟大气魄继续熠熠生辉、世代相传!

👉 学情分析

在经济和信息飞速发展的今天,青少年的思想一方面受世界多元文化的影响与冲击;另一方面,学习目的趋向功利性、实用性,使他们在思想上和行动上产生迷茫。青少年对我国悠久的民族文化的认识相对淡薄,因此在语文教学中必须把传统文化与知识传授一道融入课堂教学中。

👉 目标设定

(1) 有感情地朗读课文,积累文言词语,疏通文章大意。
(2) 感知人物形象,品愚公精神。
(3) 论愚公精神在当代的重要意义,传承坚毅,增强时代责任感。

👉 情境建构

(1) 情景创设法——激趣,引入情境!多媒体展示情境、课本剧情境等方法。
(2) 合作探究——思维碰撞,畅所欲言。激趣!

课例描述

一、情境引入

多媒体展示神话剧《愚公移山》影视小片段,让大家猜猜是哪个古代经典故事。通过谈话,引入话题:中华儿女自古都具有勤劳、善良、坚毅的品质,愚公就是坚毅品质最典型的代表。今天我们一起来学习《愚公移山》的故事,探寻古人的智慧与坚毅!

二、感知环节:分析人物形象——探寻坚毅之魂

首先,老师让学生朗读课文,借助注释理清文章脉络,并请学生复述故事。其次,再读课文,分组疏通文义,以接龙形式翻译课文,疏通文义。接下来,三读课文,同时抛出问题。

分别概述文中人物形象,并找出判断依据。

提示：可根据人物语言和情节分析。此环节的设置意在调动学生学习主动性，掌握分析人物性格的方法，同时为凸显愚公精神做铺垫。

通过学生自主总结和教师点拨不难得出愚公是一个有远大理想，有坚强的意志和顽强的毅力，不怕困难，不怕吃苦，敢于斗争，敢于胜利的令人尊敬的老人形象。

智叟则是一个自作聪明的老人。他轻视愚公，反对移山。文中写智叟的文字不多，却把这个自以为是的老人刻画得淋漓尽致。他对愚公移山"笑而止之"。这种笑是嘲笑，是轻蔑，显得既傲慢又武断。

三、情景再现：课本情景剧——演绎坚毅之魂

为了使愚公精神更深入人心，安排学生表演课本情景剧《愚公移山》。此时课堂气活跃，以情境带入的方法，使学生身临其境，感同身受。

四、深入探讨：小组合作探究——辩理，孰愚孰智

师提出问题1：愚公是不是真的如他的名字一样"愚"呢？请说明理由。

此环节不仅锻炼学生分析文章的能力和解决问题的逻辑思维判断力，也意在试探学生对"愚公精神"的认可度，为让学生继承和发扬此精神蓄势。

通过小组讨论得出结论：愚公不愚。理由：愚公要移山，不是头脑一时发热，而是经过深思熟虑的。首先，他移山的目的十分明确。"惩北山之塞，出入之迂"，说明他深受交通阻塞之苦。全句是说苦于北山挡道，出来进去要绕远，很不方便。这句话说的不只是愚公一人的体会，而是所有"面山而居"的人的共同感受，所以移山是有必要性的。同时引导学生，要勇于面对困难、解决困难。

师提出问题2：智叟智否？请说明理由。

智叟表面觉得移山目标过大不易实现，实则是在逃避问题，嘲笑愚公，袖手旁观。这也是一种得过且过的心态，没有想到前人不吃苦，后人吃大苦的后果，是一种自私的体现，所以"智叟"的名字实则是对此人的讽刺。同时引导学生面对困难不能逃避，要有忧患意识和团结协作精神。

此环节在前一环节基础上叠加,让学生在进行智叟形象对比的同时认可"愚公精神",树立积极向上的人生观和价值观。

五、明确主旨:民族文化不朽——永驻坚毅之魂

1. 师继续以发问引发学生思考

科技展迅猛的当代社会,还需要"愚公精神"吗?

此时学生各抒己见,提出不同看法,有正反两方,进行辩论。此环节以辩促思、以思促学,环环相扣,让学生明是非,明确价值取向。大部分学生觉得"愚公精神"是一种恒心、一种信念,无论是相对落后的古代,还是科技发达的当代,这种精神永远都是中华民族强盛不衰的重要因素。作者塑造愚公这一形象的目的就是要反映我国古代劳动人民改造自然的伟大气魄和坚强毅力,说明要克服困难就必须下定决心,坚持不懈地奋斗。

2. 寻找当代"愚公"

请同学列举当代"愚公精神"的事例,此环节可以小组讨论,如感动中国劳模邓迎香,时代楷模黄大发,抗击疫情的一线医护人员等。设计意图:通过当代鲜活的事例凸显出"愚公精神"历久而弥新,让这种优秀的文化如涓涓细流,潜入学生的心灵深处。

3. 师总结

我们这个时代仍然需要这种精神。如果人人都只求眼前利益,哪里会有两弹一星的研制成功?哪里会有北京申奥的成功?哪里会有从神舟一号到神舟十二号的发射成功?哪里会有时代的发展、人类的进步?

让我们从愚公手里接过精神火把,点燃智慧,无惧困难,不改初心,志比金坚,照亮前行的路,我们一直在路上!通过教师总结,再次明确正确的价值取向。

作业设计:选取当代"愚公"写一篇 600 字作文,写作对象可以是身边人,也可以是公众人物。此项作业一方面锻炼了学生通过典型事例塑造人物的写作能力,另一方面也强化了"愚公精神"的重要性,启发学生做一个无惧困难、坚定信念、不改初心的好少年。

课例评析

文化作为一个民族的灵魂与精神，是经过数千年的发展历程累积下来的珍贵的精神财富和丰富的物质财富。在初中语文教学中，发挥传统文化的重要作用，对强化学生的意识，弘扬我国的优秀传统文化等具有至关重要的意义。《愚公移山》作为八年级上册的一篇重点文言文篇目，通过愚公移山成功的事例，反映了我国古代劳动人民改造自然的伟大气魄和惊人毅力，说明了"愚公不愚，智叟不智"，要克服困难就必须下定决心、坚持不懈。

1938年12月，毛泽东同志在抗大引用愚公移山的故事发起号召，面对日本帝国主义侵略子子孙孙打下去，到1945年6月11日在中共七大上作题为《愚公移山》的闭幕词，再到"愚公移山，改造中国"的题词，都对愚公赞赏有加。而在新的历史条件下，再读《愚公移山》，思考和辨析什么是"愚"，什么是"智"，具有重大而长远的现实意义。

在这篇寓言文言文的教学中教师逐层发问，以问答、情景剧、小组讨论、辩论的形式使学生在谈话中快乐积极地学习，也是在践行新教育的初衷，由简入难，由人物形象分析上升到价值观的取向，由语文知识教学升华至品德修养，感受愚公的伟大精神。课堂上学习氛围轻松愉悦，学生学习热情高涨。

学生进入初中阶段，处在人生观形成的十字路口，两极分化的现象更加明显。在语文教学中传承优秀而灿烂的民族文化无疑是对学生树立人生信念起到熏陶、感染和鞭策作用，同时增强每个青少年的民族责任感和自豪感，而这种责任感也将和愚公精神一样子子孙孙无穷匮也地传下去。

赤胆忠心，御寇卫国
——《周亚夫军细柳》课例研究

徐州市潇湘路学校　张腾飞

　　七律·真将军
邻胡犯边军情紧，文帝点将护国民。
霸上棘门加细柳，上自入营亲劳军。
刘礼迎来徐厉送，细柳营内惊群臣。
赤胆忠心昭日月，亚夫当为真将军。

课例背景

教材解读

　　本文选自部编语文教材八年级上册第六单元。本单元的主题是"人应该具有怎样的品格与志趣"，旨在引导学生做一个什么样的人，明白什么才是我们要追求的品格，从而帮助青少年树立正确的人生价值观。本单元一共有四课，均为古文诗词。其中《〈孟子〉三章》中有圣人的思想主张，《愚公移山》中有传说中的闪光人物，《周亚夫军细柳》中有历史中的英雄形象，《诗词五首》中有诗人隐藏在诗中的情感。学习本单元，一方面要根据文本内容帮助学生掌握基本的文言常识，另一方面要挖掘语言和人物故事背后的优秀传统文化。

　　《周亚夫军细柳》出自本单元第三篇文章，前面学习过亚圣孟子的思想主张和愚公精神后,继续通过历史中的英雄人物来体现他们的高尚品格,显得更加真实,更具有说服性。如果说思想和传说太过缥缈,那么历史中的真实人物就更加有血有肉,更能打动人心。

中国优秀传统文化的核心是"爱国主义精神",纵观中华上下五千年,不同时代背景下涌现出来的民族英雄都是如此。他们之所以被称为民族英雄,是因为他们都为祖国的保卫和建设做出了突出贡献。《周亚夫军细柳》中的周亚夫在"匈奴大入边"的情况下临危受命,遂"军细柳",一句话就把这篇文章的历史背景交代清楚了。与周亚夫一起"备胡"的还有"宗正刘礼为将军,军霸上""祝兹侯徐厉为将军,军棘门"。三处军营的守卫以及三位将军对于天子驾到的态度也是不同的,而只有亚夫才被汉文帝称作"真将军",由此可见周亚夫身上有着不同于其余二人的特点,而这不同之处就是他真正的爱国主义精神。

学情分析

本文选自《史记·绛侯周勃世家》,是一篇文言文,因此在讲授时要对学生做一个简单的说明,包括对司马迁和《史记》的简介,还有文中的主人公周亚夫的简介,一些基础的文言文知识也要讲解到位。更重要的是要通过周亚夫这一人物形象和相关的故事情节,发掘其背后的优秀传统文化,让学生体会并学习我们优秀的传统文化,这也是本文的重点。

八年级学生已经具备一些文言常识,可以通过课下注释自主翻译文章,先保证了解故事梗概,才能更深层次地进行教学。教学的核心,是爱国主义的熏陶,因此设置的教学环节都要围绕"爱国文化"进行,不能与文本内容割裂。

目标设定

(1)了解作者作品,掌握基础的文言常识(重点字词注释、通假字、古今异义词、一词多义、词类活用),熟读并会翻译文章。

(2)理清文章内容,梳理故事情节,体会对比、衬托、正侧结合的有详有略的写作方法。

(3)分析人物形象,体会并学习周亚夫身上的爱国主义精神以及不卑不亢的人格态度。

👉 情境建构

对于文言文的讲解要力求简明,部分学生对于文言文有一定的畏难情绪,觉得晦涩难懂,如果按照常规的讲解,学生可能会"审美疲劳",课堂也会显得呆板没有亮点。因此教师可提前把文章简化,这样就会让学生更容易接受,同时也能激发学生的阅读兴趣。

课前先把本文简化成一首打油诗,讲授过程中以诗句为引子结合课下注释,便于学生梳理文章内容,也便于教师引导探究要点。课堂中再利用朗读、小组讨论、表演等方式帮助学生理解周亚夫身上的闪光点并加深印象。

课例描述

一、群英荟萃,导入新课

中国上下五千年,华夏文化源远流长,在中华数千年的历史长河中涌现出一位又一位的英雄人物,其中跃马扬鞭的将军数不胜数。"封狼居胥"的霍去病,"不教胡马度阴山"的飞将军李广,"精忠报国"的岳飞,抗击倭寇的戚继光,收复台湾的郑成功……司马迁在《史记》中记载了众多的将军形象,其中御寇平叛、匡扶社稷的西汉名将周亚夫也曾被汉文帝称为"真将军"。

二、知人论世,检查预习

1. 作者作品简介

司马迁,字子长,西汉历史学家,人称"太史公"。《史记》为我国第一部纪传体通史,记载了从黄帝到汉武帝三千多年的历史。鲁迅赞为"史家之绝唱,无韵之《离骚》"。

2. 周亚夫简介

周亚夫,西汉名将,绛侯周勃之子,封条侯,历经文、景二帝,汉文帝时匈奴进犯,在细柳驻军抵抗匈奴;汉景帝时爆发"七国之乱",周亚夫率军三个月平定叛乱。

3. 检查预习文言文常识

通假字:"被""邪""式"。

一词多义:"军""之"。

词类活用:"式""锐"。

三、梳理文章,分析人物

学生结合课下注释自主翻译全文,教师通过多媒体课件展示打油诗,让学生分小组讨论,根据诗句找到文章与之对应的语段,并分析这些语句告诉了我们哪些信息。此举可帮助学生快速了解文章内容,高效梳理故事情节,也可以增强学生合作探究能力,还能促进学生思考,锻炼思维能力。

(1)邻胡犯边军情紧,文帝点将护国民。

"汉文帝之后六年,匈奴大入边。"

——引出故事背景,即边境百姓,受到邻国威胁,国家有难。

"乃以宗正刘礼为将军、祝兹侯徐厉为将军、以河内守亚夫为将军"。

——引出本文出现的人物汉文帝、刘礼、徐厉、周亚夫。

教师点拨:司马迁短短几句话就告知了我们很多的信息。其一,交代了故事背景,渲染了紧张的气氛;其二,点明了本文中出现的几个人物,为下文对比刻画人物形象做了铺垫;其三,其实文章一些语言上的细节能够体现周亚夫与其他两位将军的不同,任命三位将军的句子里只有两个"以",第一个"以"后面是刘礼、徐厉为将军,第二个"以"后面是亚夫为将军,其实就暗示了周亚夫的特别,突出主要人物周亚夫。

(2)霸上棘门加细柳,上自入营亲劳军。

"军霸上""军棘门""军细柳"。

——表现出汉文帝面对外敌入侵做出的部署。

"上自劳军"。

——体现了汉文帝对这次备胡的重视程度。

教师点拨:这几句话写出了汉文帝面对敌情快速做出的反应,紧张而有序;并且亲自到军营慰劳军队,既能表现出他对下属的体恤,又能从侧面反映军情紧急,这些都暗示了他是一位明君,也为下文在细柳营碰壁后不怒反而称赞周亚夫为"真将军"埋下伏笔。

(3)刘礼迎来徐厉送,细柳营内惊群臣。

教师提出问题,汉文帝到三个军营劳军的遭遇分别是怎样的?

至霸上、棘门军(略写):"至霸上及棘门军,直驰入,将以下骑送迎。"

——整个霸上和棘门军的将军士兵都在迎接汉文帝,阵仗很大。

之细柳军(详写):"军士吏被甲,锐兵刃,彀弓弩,持满。"

——士兵杀气腾腾,军容严整。

"天子先驱至,不得入""上至,又不得入""于是上乃使使持节诏将军:'吾欲入劳军。'亚夫乃传言开壁门"。

——天子在细柳营外碰壁,不得入,反复多次才进入军营,军纪严明。

文中除了叙事外还有一些语言描写,教师让学生找出并画出来。

军门都尉曰:"将军令曰'军中闻将军令,不闻天子之诏'。"

壁门士吏谓从属车骑曰:"将军约,军中不得驱驰。"

——通过细柳营士兵的话侧面反映了周亚夫治军有方,做到了军令如山。

周亚夫:"持兵揖""介胄之士不拜,请以军礼见"。

——通过动作描写和语言描写正面反映出周亚夫不阿谀奉承,不卑不亢。

教师提问:既然题目为《周亚夫军细柳》,为何要写霸上和棘门军?

学生能快速想到"对比"的写法,然后再引出文章的其他几处对比。

面对在细柳营处处碰壁的遭遇,汉文帝是如何表现的?群臣又是什么表现?

汉文帝:先驱和自己都不得入时,"上乃使使持节诏将军"。

被告知军中不得驱驰时,"天子乃按辔徐行"。

周亚夫持兵揖,不拜时,"天子为动,改容式车。使人称谢:'皇帝敬劳将军。'成礼而去"。

走出细柳营后,文帝曰:"嗟乎,此真将军矣!""称善者久之"。

——汉文帝对于在细柳军的碰壁没有动怒,反而极力夸赞周亚夫,由此可见汉文帝是一个大度有主见的君主,是一个知人善用的君主。结合前文他对于匈奴入边的部署和亲自劳军的做法,指出这是一位明君。讲到这里教师可顺便提一下历史上的"文景之治",加深学生印象。

群臣:"既出军门,群臣皆惊"。

学生小组合作,探究"惊"的含义。

——惊恐,因为汉文帝在细柳军营多次碰壁,有损威严,都替周亚夫捏了一把汗;惊讶,汉文帝竟然没有生气,反而被感动;惊喜,国家受侵之际,将忠于国,君识于将,这是国之幸事。

【归纳总结人物形象】

刘礼、徐厉:阿谀奉承,疏于职责,畏惧皇权,军备废弛。

汉文帝:大度贤明,体恤下属,知人善用,一位明君。

周亚夫:治军有方,军纪严明,不卑不亢,恪尽职守,忠心赤胆。

教师点拨:这一部分是文章的主体,因此要详细探究,吃透问题。要引导学生学习写法,如对比的运用,正面描写和侧面描写相结合的运用,详略的安排,还有刻画人物形象的语言描写和动作描写。其中对比有多处,有细柳军和霸上棘门军军容的对比,汉文帝在三个军营遭遇的对比,三个将领的对比,还有汉文帝和群臣反应的对比。

(4)赤胆忠心昭日月,亚夫当为真将军。

教师发问探讨,为什么汉文帝在霸上棘门军时威严尽显,而在细柳营威严尽失,却还是唯独称赞亚夫为"真将军"?怎么理解这个"真"?小组合作讨论。

① 其军营戒备森严;② 其军纪极其严明;③ 其为人刚正不阿。

对于一个国家,明君在意的不是下属对自己阿谀奉承,而是真正为国家办实事的人,而周亚夫就是这样的人,这能体现出汉文帝的贤明和周亚夫的忠勇。

教师点拨:"忠"的真正含义是忠于国家、忠于百姓,这样的"忠"才是爱国主义精神。而不是单纯的忠于君主、忠于上级,这样的"忠"就是愚忠。正是周亚夫这种爱国主义精神,他才被称作"真将军"。同是将军,他和刘礼、徐厉是有着本质区别的。前边提到边关形势危急,当务之急不是奉迎皇帝,而是操练军队,做好防备工作。刘礼、徐厉不是真正的爱国,皇帝驾到,他们竟然带着全体官兵迎接而全然忘了本职工作,防卫工作如同虚设,这也不是皇帝派他们为将的初衷。而亚夫正是心系国家、心系百姓,才勤恳治军、忠于职守,做自己本职工作,士兵永远是备战状态,不会因为皇帝身份坏了军队的规矩,这样的将军忠的是国家百姓。这也是中华文化的核心——爱国主义精神。

四、主旨探究,挖掘文化

教师总结:本文通过汉文帝巡视、慰劳霸上、棘门与细柳军的故事,通过对比突出展现了周亚夫治军严谨、忠于职守、刚正不阿、赤心爱国的"真将军"风范。

教师点拨:周亚夫身上的种种品质,其本源就是爱国主义精神,正因为他爱国爱民,才能用心训练军队,不因君威而玩忽职守,这就是真正的爱国主义精神。

五、分角朗读,情景再现

教师找同学分角色朗读全文,加深印象。

教师朗读旁白。

报幕:至细柳军,不得入。

学生 A(天子先驱):天子且至。

学生 B(军门都尉):将军令曰"军中闻将军令,不闻天子之诏"。

学生 C(使节):天子诏"吾欲入劳军"。

报幕:亚夫乃传言开壁门。

学生 D(壁门士吏):将军约,军中不得驱驰。

旁白:于是天子乃按辔徐行。

报幕:至营。

学生 E(周亚夫):介胄之士不拜,请以军礼见。

学生 F(汉文帝):敬劳将军。

报幕:出军门。

学生 F(汉文帝):嗟乎,此真将军矣!曩者霸上、棘门军,若儿戏耳,其将固可袭而虏也。至于亚夫，可得而犯邪!

教师总结：通过朗读，我们对于周亚夫的"真将军"形象更加深刻，希望我们每个同学都要向周亚夫学习，有着真正的爱国情怀，恪尽职守，不卑不亢，为了中华民族的伟大复兴而奋斗。

课例评析

作为四大文明古国中唯一一个延续文明的国家，我国的文明史延续并发展了五千多年。不管是传说中的黄帝部落时期，还是夏商周的奴隶社会时期，抑或是秦汉到明清的封建社会时期，直至现在的社会主义。各个时期我们伟大的炎黄子孙都创造了璀璨的华夏文明，这些文明的内涵就是多样的中国文化，而中国文化的核心就是爱国主义精神。

这是一个非常有代表性的优秀传统文化教育案例，有些学生错误地认为，在封建社会无条件服从皇帝就是爱国，爱国就是忠君，其实不然。君主只是国家的象征，爱国这件大事也不能单纯具体到一个人身上，爱国爱的是国家的人民，不让国家利益受损，不让国家人民受损才是真正的爱国，而不是不让国家君主受损。在封建社会乃至于奴隶社会，除了汉文帝这样的明君，还有很多暴君、昏君、庸君，如果忠于这些君主，只能是报国无门，英雄无用武之地，所以爱国主义的核心是爱民。千年传承不息的优秀中华文化，正是以爱国主义为核心，所以我们要明确爱国主义的内涵。教学中有的学生只能从周亚夫个人出发思考问题，对于文章理解的极限就是周亚夫身上的优秀品质，比如治军有方、不卑不亢、军纪严明。但是更深层次的原因就是周亚夫具有崇高的爱国主义情怀，这也是他身上种种品质的本源，教师在讲授时一定要注意这一点，引导学生明白爱国主义精神的真谛。

结合现代社会，关于"爱国"的一些行为也愈发难以接受，这对青少年的爱国观也是有不良影响的，比如无下限地打砸外国品牌，这些都不是真正的爱国，起码不是理性的爱国表现。这节课对于爱国主义的阐述非常正确，既否定了封建社会的愚忠假爱，也揭示了爱国主义的基本内涵，即人们对自己家园以及民族文化的归属感、认同感、尊严感与荣誉感的统一。正是基于这个原则，周亚夫才能做到刚正不阿、不卑不亢。他做的一切都是为了国家利益，不是为了讨得皇帝的欢心，这是实干家。敌兵扰边、临危受命、恪尽职守、军纪严明，这样的军队才是能抵抗侵略的军队，才是能打胜仗的军队，才是能够维护国家利益、保证人民生命的军队，而打造这样军队的将军才是"真将军"。

忠君文化，千古一表
——《出师表》课例研究

徐州撷秀初级中学　王伶俐

课例背景

教材解读

《出师表》是部编语文教材九年级下册第六单元的一篇重点课文，该单元的课文大部分选自历史著作，学习这些文章不但可以增长历史知识，还会被古人的智慧、勇气、节操所感染和激励。

《出师表》是一篇丞相写给皇帝的上行公文，写于蜀汉建兴五年（公元227年）诸葛亮第一次出师伐魏之前。其时蜀汉已从战役的惨败中初步恢复过来，既与吴国通好，又稳定了自己的战略后方，伐魏时机臻于成熟。在这篇表文中，诸葛亮劝说后主刘禅广开言路，严明赏罚，亲贤远佞，以继承先帝刘备的遗志；也陈述了自己对先帝的"感激"之情和"兴复汉室"的决心。

古代臣子写给君主的呈文有各种不同的名称，到了汉朝，这类文字被分成四个小类：章、奏、表、议。刘勰在《文心雕龙·章表》里说："章以谢恩，奏以按劾，表以陈情，议以执异。"表的主要作用就是表达臣子对君主的忠诚和希望。诸葛亮写有前后《出师表》两篇，本篇是前《出师表》，历来受到人们的高度赞扬，是公认的古代表疏奏章类政府公文中表的代表作。刘勰曾经把它跟孔融的《荐祢衡表》相提并论:"至于文举之荐祢衡,气扬采飞;孔明之辞后主,志尽文畅。虽华实异旨,并一时之英也。"文天祥《正气歌》:"或为出师表,鬼神泣壮烈。"陆游更是多次提到,如《病起书怀》:"出师一表通今古,夜半挑灯更细看。"《游诸葛武侯书台》:"出师一表千载无。"《七十二岁吟》:"一表何人继出师。"《感秋》:"凛然出师表,一字不可删。"《书愤五首·其一》:"出师一表真名世,千载谁堪伯仲间。"足见对后人影响之深。

学情分析

学生的文言文基础仍需增强;学习语文的观念、方式、方法较落后;自主学习语文的能力较弱,语文的素养较低。其实,在封建社会文人的道德伦理中,忠君思想常常跟爱国主义思想是等价的,因此使得爱国主义构成了道德文化的一个重要部分。学习本文,能够培养学生的爱国情怀,认识并领会诸葛亮"鞠躬尽瘁,死而后已"的精神。

目标设定

学习目标:

(1) 朗读课文,积累文言词句,培养学生文言文的阅读能力。

(2) 领会诸葛亮提出的三条建议的意义。

(3) 认识并学习诸葛亮"鞠躬尽瘁,死而后已"的精神。

重点难点:

(1) 领会诸葛亮提出的三条建议的意义。

(2) 认识并学习诸葛亮"鞠躬尽瘁,死而后已"的精神。

情景建构

一、政治文化

中国的传统的政治文化包含注重"仁"、强调"德"的政治思想;纳谏、用贤以及取信于民的为君之道;以史为鉴、明乎得失的重要传统;严明法纪、以法治国的法制传统;忠君、爱民、清正、廉洁、勤俭的为官之道等方面。这些在《出师表》中亦可以找到佐证。

"陛下亦宜自谋,以咨诹善道,察纳雅言,深追先帝遗诏。"咨诹善道,即是询问治理国家的好道理,察纳雅言,即是辨析采纳正言,至于先主遗诏,则有"勿以恶小而为之,勿以善小而不为。惟贤惟德,能服于人"之论。无论是"善道",是"雅言",还是"先主遗诏",都没有偏离"仁""德"的范畴。古代中国的读书人被称为儒生,原因是受儒家文化的传承影响。

二、道德文化

儒家文化对中国的传统文化有着很大的影响,今天仍然存在于我们生活中的"道德"主张,来自儒家的有忠、孝、仁、义、信等。诸葛亮作为一个成功的政治家,在政治道德、人伦道德上都非常重视,不仅讲究道德规范,而且也非常讲究个人修养。

公元223年,刘备白帝城托孤时对诸葛亮说:"君才十倍曹丕,必能安国,终定大事。若嗣子可辅;辅之,如其不才,君可自取。"诸葛亮回答说:"臣敢竭股肱之力,效忠贞之节,继之以死。"诸葛亮是忠良的代表、人臣的楷模。《出师表》也是封建时代为臣者的必读之文。对臣子行为的基本规范是"忠",即"臣事君以忠",要求臣子对国君要忠心不二,君臣关系也被置于封建伦常关系的首位,即君为臣纲。《三国志·诸葛亮传》注:"袁子曰:张子布荐诸葛亮于孙权,亮不肯留。人问其故,曰:'孙将军可谓人主,然观其度,能贤亮而不能尽亮;吾是以不留。'"正是诸葛亮道德思想中"忠""信"的影响,因此,虽然有刘备"若嗣子可辅,辅之,如其不才,君可自取"之言,诸葛亮亦只能诚惶诚恐地"臣敢竭股肱力,效忠贞之节,继之以死"。这也才有后来的"鞠躬尽瘁,死而后已"的"三顾频烦天下计,两朝开济老臣心"忠臣表率形象。

其实,在封建社会文人的道德伦理中,忠君思想常常跟爱国主义思想是等价的,因此,也就使得爱国主义成为道德文化的一个重要组成部分。由忠诚于先帝到热爱先帝的事业,再到对先帝事业的超前的忧患意识,亦步亦趋。"今天下三分,益州疲弊,此诚危急存亡之秋也""受命以来,夙夜忧叹"都渗透了诸葛亮对国事的深重的忧患意识。可以说这种对国事的深切关心,对事业的无限忠诚和生死与之的无私奉献精神,既是作者光辉人格的体现,又是古代仁人志士博大深沉的忧患意识的反映,体现了古代志士仁人的奋发向上的进取精神。对诸葛亮来说,忠君也是爱国主义的一种表现。诸葛亮从对先帝的忠诚,类推到对后主的忠诚,使"士为知己者死"的士大夫精神上升到爱国的高度。

三、礼仪文化

礼仪是规范人们行为的法规和准则。在古代中国的社会生活中,礼仪是无所不在的。诸葛亮跟后主的关系很微妙,既是君臣关系,又是长辈与晚辈的关系,不仅有君臣之礼,而且有上下之礼、尊卑之礼。刘备在托孤时曾当着诸葛亮的面吩咐刘禅:"汝与丞相从事,事之如父。"但是,君臣之礼是一切礼仪中的大礼,因此,后主虽然口口声声称"相父",但那仅仅只是后主听命于父亲的孝顺之举,并不代表诸葛亮的地位之尊超过了后主本身。

因此,尽管表文像一位慈父般自强振作、广开言路、执政公允、重用贤才的谆谆教导,却是以臣子对君王的身份行文,虽然明知后主是个"妄自菲薄、引喻失义"的昏庸之主,但仍然要理说得明,语不可重,既要循循善诱地达到规劝后主明政以及出师北伐的目的,又要不失臣下尊上的礼仪分寸,最终形成了本文情真理足、词婉心切的至文。由此产生了如下的课堂设计。

课例描述

教学过程

一、课前导入,出示目标

师:同学们,三国时期有很多故事流传千古,"白帝城托孤"便是其中之一。先主刘备病重,临终前他对诸葛亮说:"君才十倍曹丕,必能安国,终定大事。若嗣子可辅,辅之;如其不才,君可自取。"有哪位同学知道这"嗣子"指的是何人?(学生自由谈出自己的见解。)"嗣子"指的是后主刘禅,引出本文题目"出师表"。

★课堂活动:师生共读屏幕上的文字,学生谈自己捕捉到的信息。

二、预习检测,词句积累

(一)解题

(二)基础积累

(1)教师利用多媒体课件展示几个要注意的字音字形,引导学生掌握该知识点。

中道崩殂　妄自菲薄　陟罚臧否　裨补阙漏

猥自枉屈　夙夜忧叹　庶竭驽钝　攘除奸凶

(2)教师利用多媒体课件展示几个句子,注意要读准字音、节奏。

① 今天下三分,益州疲弊,此诚危急存亡之秋也。

② 此皆良实,志虑忠纯,是以先帝简拔以遗陛下。

③ 愿陛下托臣以讨贼兴复之效;不效,则治臣之罪。

朗读要求:① 朗读时读准字音、节奏。② 语速要舒缓,请带着表情朗读,体会人物身份。

★课堂活动:

(1)学生分析文章题目的含义,教师做出合理的评价。

(2)检查学生对字音、词语、句子的预习情况。

三、朗读课文,感知内容

(1)师:诸葛亮在这次出兵之前最放心不下的就是后主刘禅。他千叮咛万嘱咐地向刘禅提出了哪些建议?

(2)师:表文中蕴含了诸葛亮复杂的情感,请同学们再读课题,"表"如何解释?

★课堂活动:学生自由朗读后,自主展示,师生评价,教师从表达的流畅、精准,思考的全面、深刻、敏捷等方面评价学生的活动,力求循循善诱,让学生在思考中提升。

四、诵读涵泳,体会情怀

师:读《出师表》不哭者不忠。——南宋·安子顺朗读这第6段,深入地体会诸葛亮作为一代忠臣的良苦用心。

(学生自由读,老师指导)读出感谢、感动、奋发之情。

亮涕泣曰:"臣敢竭股肱之力,效忠贞之节,继之以死!"

★课堂活动:

(1)学生自主活动,找出认为写得好的地方。

(2)小组交流收获,实现思维的碰撞。

(3)学生自主交流,教师及时点拨,并总结语言的鲜明有力,富于感染力。

(4)朗读时师生共同评价(学生评价,教师指导)。教师适时进行指导,引导学生正确理解和精练表述。

五、事迹延伸,评价人物

师:诸葛亮用他真挚的情感给后主写了这篇表文,通过文章和这节课的学习我们认识了诸葛亮,了解了诸葛亮。老师这里有诸葛亮更多的介绍,请同学们跟着老师一起深入了解这位著名的政治家、军事家、文学家。

(1)多媒体课件展示诸葛亮的事迹。

(2)学生用"好一个(　　　)的诸葛亮"的句式写出自己对诸葛亮的评价。

★课堂活动:

(1)学生自主书写。

(2)学生当堂交流自己的评价。

(3)师生共同评价(学生评价为主,教师适时指导)。教师适时进行指导,引导学生用正确的词语,恰当的语气来表达自己对诸葛亮的评价。

(4)收集成册:××班《诸葛亮评价录》。

六、课堂小结,人文提升

师:陆游的诗句——出师一表真名世,千载谁堪伯仲间。

出师一表通古今,夜半挑灯更细看。

杜甫的诗句——出师未捷身先死,长使英雄泪满襟。

同学们让我们一起来朗读第 7 段,大声地读出来,读出我们对诸葛亮的敬仰。

【课堂活动】集体朗读课文,读出人物内心情感。

七、作业

必做题:全班传阅《诸葛亮评价录》,可以在下面写出自己对这句话的评价。

选做题:课外阅读《诸葛亮传》。

【板书设计】

出师表　诸葛亮
广开言路
三条建议:赏罚严明
亲贤远佞
语言特点:情挚辞切
（忠贞、感激、感动、奋发）

课例评析

阅读本文着眼于"出师"这两个字。这是诸葛亮写的一篇情真意切、感人肺腑,让人赞不绝口的文章,表达了自己对刘氏父子的忠贞,提出的三条建议是安定后方的措施,也是施政的正理。叙述生平及出师北伐表明自己"兴复汉室,还于旧都"的决心,真正为蜀汉江山鞠躬尽瘁,死而后已。在其中渗透了传统的政治文化,道德文化和礼仪文化。

语文课程是一门学习语言文字运用的综合性、实践性课程,是工具性和人文性的统一。《义务教育语文课程标准(2022 年版)》指出,语文教学应在师生平等对话的过程中进行。要提高文言文课堂教学效率,就要转移文言文教学的重心。针对传统的文言文教学侧重翻译课文的偏颇,在《出师表》的教学设计中放手让学生自主阅读、自主感受、自主表达,在个性化体验中完成对文章的解读，体会名人思想情感。

吟诵是中国传统语文教学的重要教学方法，是培养文言语感的最重要的途径和方法。授课中，让学生反复诵读涵泳，读准字音、读通句读、读懂文义、读出语气、读出气势，领略文章的精妙，感悟作者的才思气质，潜移默化地提高学生阅读文言文的能力。

要重视继承和弘扬中华民族优秀文化，理解和尊重多元文化，有助于学生增强民族自尊心和爱国热情，树立正确的世界观、人生观和价值观。在全面推行新课程标准的今天，文言文教学也要改革文言文教学方式，既要有"言"，又不能忘记"文"，不能把文言文学习仅仅当作文言知识的例子，而要用问题探讨、活动体验和对文本的现代解读把"文言""语体"打通，让学生自由出入古今，获得语文学习的解放，真正提升语文的素养。不但要让学生理解作品的思想内涵，探索作品的丰富意蕴、领悟作品的艺术魅力，学会用历史的眼光和现代的观念审视和评价文言文，勇于质疑、勇于提出独特的见解。深者得其深，浅者得其浅，要鼓励学生用新的解读视角去发现和再认识文言文。总之这样设计，表文深情厚谊寄翰墨，忠肝义胆照简编，对学生的教育意义还是很深远的。

后　记

中华民族在五千年的历史长河中创造的辉煌灿烂的文化，承载着生生不息的民族力量和自信。"首孝悌，次见闻""君子如切如磋"是做人的良师；"独在异乡为异客，每逢佳节倍思亲""慈母手中线，游子身上衣"是崇高天伦；"天行健，君子以自强不息"是不屈不挠的品质；"感时花溅泪，恨别鸟惊心""人闲桂花落，夜静春山空"是天人共鸣、相契相融等精神内核，皮影、剪纸、绣花、狮子舞、泥塑艺术等民间艺术，这些只是中华文明的一隅，助力我们成长，让我们膜拜。

生命生生不息，生生不息的轨迹是一个圆。中华文化就是一位循循善诱的长者、智者，用天地的智慧和圣贤的教导充满这个圆。萧伯纳说："人生不是一支短短的蜡烛，而是一支暂时由我们拿着的火炬。我们一定要把它燃得十分光明灿烂，然后交给下一代的人们。"如何让这智慧接力棒传承下去，是我们一代代龙的子孙的责任与担当。作为一名语文人，更是责无旁贷。我们的语文教学只有立足于优秀传统文化之根，才能提升学生文化素养，增强文化软实力。

我们这一群躬耕在语文园地里的农夫，勤勤恳恳耕耘着，不断探索梳理语文教学中的传统文化。"文化传承视角下的初中语文教学研究"这一省级课题的立项为我们教学研究提供了契机。我们一众语文同仁经过极其艰辛的摸索与尝试，不断探索着语文教学中的最新突破口，在实践中将自己的一点心得认真记下，众多心血汇集成册——《文化传承视角下的初中语文教学课例》。感谢每一位在教学实践中的课题研究人，感谢乔雷、王建军等诸位领导对我们研

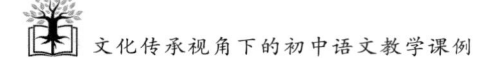

究的关心与呵护,感谢在研究过程中为我们指导方向的王林喜老师、高青老师等众多专家引领我们成长,感谢徐州市潇湘路学校为我们的成长提供丰厚的沃土。

  语文学科具有丰盈的文化内涵,灵动的文化精神,我们需要在脚下的土壤里寻找教育的钥匙,让学生自觉成为母语家园的守护者。初中阶段是青少年精神价值观形成的关键时期,中华优秀传统文化滋养与熏陶着孩子的心灵,为他们打一点"精神的底子",让他们终身受益。实践永无止境,探索永不停步,希望我们的探索为语文教学带来一点点借鉴。

马艳林
2022 年 3 月